Cómo enfrentar la soledad

Cómo enfrentar la soledad

J. OSWALD SANDERS

PORTAVOZ

Título del original: *Fancing Loneliness*, © 1990 publicado por Discovery House Publishers, en acuerdo con Highland Books (Crowborough, East Sussex, Gran Bretaña), Grand Rapids, Michigan 49512.

Edición en castellano: *Cómo enfrentar la soledad*, © 2005 por Discovery House Publishers y publicado por Editorial Portavoz, filial de Kregel Publications, Grand Rapids, Michigan 49501. Todos los derechos reservados.

EDITORIAL PORTAVOZ
P.O. Box 2607
Grand Rapids, Michigan 49501 USA

Visítenos en: www.portavoz.com

ISBN 0-8254-1669-8

1 2 3 4 5 edición / año 09 08 07 06 05

Impreso en los Estados Unidos de América
Printed in the United States of America

Contenido

Prólogo

LA SOLEDAD NO ES UN TEMA agradable sobre el cual escribir. Ni tampoco es una experiencia agradable para experimentar.

Cuando me pidieron que escribiera acerca de este tema, si bien la experiencia de perder dos veces a una esposa amada y a diecisiete años pasados como viudo me habían otorgado una experiencia de gran intensidad, rechacé la tarea. Otros lo han hecho, e indudablemente lo han hecho mejor. Pero remontar la experiencia con tantas almas solas en tierras diferentes y en diferentes caminos de la vida, me ha impresionado profundamente con la magnitud y la universalidad del problema. Y muy pocos parecen haber descubierto una solución satisfactoria. Así que, renuentemente, he tomado mi pluma, con la esperanza de que algo que escriba pueda ayudar a calmar el tormento de la soledad para algunos lectores.

Sé que no hay una respuesta sencilla o única al problema, ninguna solución fácil; puesto que si bien la causa principal es la misma, los factores que contribuyen al mismo son muchos. Es un fenómeno complejo, y diferentes tipos de soledad requieren diferentes enfoques. El alivio solo se hallará cuando traspasemos los síntomas y tratemos el centro tóxico desde el cual surge el mal. La falta de intimidad, que es uno de los elementos más dolorosos, debe abordarse y remediarse.

Finalmente, la soledad parte de la separación de la humanidad de Dios, así que ningún remedio que no tome este factor en cuenta logrará más que un alivio superficial y temporal. Pero, si bien la condición se encuentra enraizada en lo espiritual, los elementos pertinentes psicológicos y sociales no deben pasarse por alto.

La primera parte del libro está dedicada principalmente a un esfuerzo por reconocer las causas del mal, la segunda a sugerir caminos de ayuda para las necesidades individuales de las personas. No obstante, no he confinado las sugerencias útiles a la segunda parte.

Los recursos disponibles para las personas solas, tanto provenientes de Dios como de hombres y mujeres, son más abundantes de lo que ellas se dan cuenta y descubrirían si hicieran el intento. Si se dan cuenta, la soledad puede ser el punto de partida de un viaje nuevo hacia la madurez moral y espiritual. Si abandonaran la búsqueda de alguien que se ocupe de ellos, y en cambio se pusieran a cuidar a alguien más, se sorprenderían al descubrir que su soledad es bastante soportable, incluso si no fuera eliminada del todo.

Primera parte

RECONOCER LAS CAUSAS

1

Diagnosticar la enfermedad

Alguna vez un problema filosófico contemplado por poetas y profetas, la soledad ahora es una condición universal para millones de estadounidenses. No solo para los ancianos y los divorciados, sino también para los hombres y las mujeres llenos del dolor de la soledad dentro de sus matrimonios. Rápidamente se está convirtiendo en una tradición estadounidense.

—Tim Timmons, *Loneliness is not a disease*
[La soledad no es una enfermedad]

EL DIAGNÓSTICO PRECEDE a la prescripción. Solo cuando el médico ha hecho un diagnóstico correcto, estará en posición de prescribir el remedio adecuado. Esto no se diferencia a las enfermedades del espíritu. En este sentido, la primera sección de este libro apunta a descubrir algunas de las causas de la enfermedad universal de la soledad.

La soledad se vive más fácilmente de lo que se la puede definir. La definición del diccionario es: "Estar sin compañía; separado de los demás; no frecuentado por seres humanos; triste por estar solo; produciendo una sensación de desolación". Tomados todos juntos, estos conceptos se combinan para describir una experiencia depresiva y sin embargo dolorosamente común. No es sin motivo que la *soledad* ha sido llamada la palabra más desoladora del idioma español. Su propio sonido parece hacer eco de su propia desolación.

Una de las características penosas es que sus víctimas por lo general son incapaces de diagnosticar la naturaleza y la fuente de su enfermedad, y como consecuencia de esto no pueden descubrir una cura adecuada. Sin embargo, esto no debe desalentarnos de esforzarnos por rastrear su curso tortuoso y descubrir formas en que sus efectos dañinos puedan ser dominados, o incluso eliminados por completo.

La soledad asume muchas formas, cada una igualmente indeseable: Un dolor interno insatisfecho, un vacío interior, un ansia de satisfacción. El corazón humano tiene un ansia insaciable de ser amado.

La investigación ha revelado que las experiencias que conducen más a una soledad aguda son: La muerte de un compañero de toda la vida o de otro miembro de la familia; una separación o divorcio; un compromiso roto; dejar la patria para irse a otro país. Todos estos provocan un profundo trauma emocional.

En otros casos la soledad refleja inconscientemente la incapacidad de una persona por iniciar o mantener una relación estable y satisfactoria, especialmente con miembros del sexo opuesto. Pero cualquiera sea la causa, la experiencia es en extremo dolorosa.

En una de sus cruzadas, el evangelista Luis Palau le pidió al público que le indicaran el tema sobre el cual querían que él hablara. Se sugirieron varios temas, pero la mayoría le solicitó que hablara sobre el tema de la soledad.

Estaban dando voz al clamor de muchos que sufren de los desórdenes emocionales más penetrantes de nuestro tiempo. Su crecimiento es constante durante la última mitad del siglo pasado y requiere de una cuidadosa investigación tanto de su causa como de su posible cura. Por supuesto, la soledad siempre ha plagado la humanidad, pero las condiciones especiales que prevalecen en nuestros días han incrementado enormemente su incidencia.

Uno de los efectos adicionales frecuentes es una sensación de vacío y futilidad que nada parece disipar. Los factores sociales y ambientales contemporáneos son con frecuencia los villanos de la obra. Para las personas mayores la ruptura del hogar familiar, con la consiguiente pérdida de amigos y escenas familiares, puede generar una experiencia traumática. Se sienten sin raíces y les resulta desesperadamente difícil entablar una nueva relación en sitios extraños.

En su artículo para *Mental Hygiene* titulado *Loneliness in Old Age* [La soledad en la vejez], Irene Burnside argumenta que "la soledad es el estado de la mente en la que el hecho de que hubo personas en la vida de uno en el pasado es más o menos olvidado, y la esperanza de que haya relaciones interpersonales en el futuro está fuera de la expectativa real".

No es pecado estar solo, así que no hay necesidad de agregar un sentido de culpa al problema. Nuestro Señor sin pecado estaba solo. Pero si los hechos del caso no se enfrentan en forma realista y deliberada, pueden desarrollarse actitudes perjudiciales que opacarán el gozo presente de la vida y el servicio fructífero para Dios y para el hombre en el futuro.

LAS SEMILLAS DE LA SOLEDAD

Es bastante sorprendente descubrir que a pesar de su universalidad, en eras pasadas así como en la actualidad, la soledad no se trata en profundidad en ningún lado de la Biblia. Sin embargo, abundan ilustraciones de sus estragos. Las Escrituras solas nos brindan un diagnóstico creíble y auténtico de los problemas fundamentales de la humanidad. Debe ser que debemos recurrir a la Biblia tanto para su diagnóstico como para su cura.

El registro bíblico afirma que en su estado original, Adán era perfecto en forma e inteligencia.

> Y creó Dios al hombre a su imagen, a imagen de Dios lo creó; varón y hembra los creó...Y vio Dios todo lo que había hecho y he aquí que era bueno en gran manera (Gn. 1:27, 31).

Aunque surgió perfecto de la mano de Dios, Adán seguía siendo finito e incompleto. Esto está implícito en la primera manifestación registrada de la boca de Dios.

> Y dijo Jehová Dios: *No es bueno que el hombre esté solo*; le haré ayuda idónea para él... Entonces Jehová Dios hizo caer sueño profundo sobre Adán, y mientras éste dormía, tomó una de sus costillas, y cerró la carne en su lugar. Y de la costilla que Jehová Dios tomó del hombre, hizo una mujer, y la trajo al hombre (Gn. 2:18, 21-22, cursivas añadidas).

En su inocencia original, Adán y Eva vivían sin vergüenza ni temor. Disfrutaban de un compañerismo sin inhibiciones entre sí y con el Señor Dios. No estaban solos ni sentían soledad.

En esta escena ideal se introdujo sutilmente la serpiente y los sedujo con éxito al pecado. Esto, a su vez, resultó en la pérdida de su perfección e inocencia, ya que se trató de un acto de rebeldía contra su Creador y Benefactor. Por lo tanto, fueron seres caídos e involucraron a toda la raza humana en su caída. Pero aunque la imagen de Dios en ellos fue tristemente deformada, no fue borrada del todo. En ese momento significativo nació la soledad.

El resultado inmediato de su pecado e insensatez fue la exclusión del Huerto del Edén. A partir de entonces estuvieron enredados en los tentáculos del temor y tomados por los dedos helados de la soledad. ¡Qué trágico intercambio! ¡Soledad desoladora por intimidad con Dios!

LA DOBLE NECESIDAD DE LA HUMANIDAD

Las personas fueron creadas con una necesidad doble: Comunión con Dios y compañerismo con otros seres humanos. Para esto, si van a darse cuenta de todo el propósito de su creación, no puede haber algún sustituto. El instinto social es profundo dentro de cada ser humano y cuando esta necesidad permanece insatisfecha, las semillas de la soledad crecen y florecen.

Somos susceptibles a la embestida de la soledad en diversos niveles, de los cuales el emocional es el más inquietante porque implica la pérdida de una relación cercana con otras personas. Puede aliviarse únicamente estableciendo alguna asociación alternativa y compatible. Para los que son por naturaleza tímidos o reservados, esto presenta un obstáculo casi insuperable.

La soledad social está relacionada con los contactos que tenemos —o que no tenemos— con la comunidad en la que vivimos. Este en un sentido crónico de ser "dejado afuera" y a su vez genera un sentimiento de baja autoestima. La víctima opera bajo la convicción —de ninguna manera justificada— de que él o ella tiene poca importancia para alguien, y por lo tanto nadie desea su amistad. Esta actitud con frecuencia conduce a un aislamiento autoimpuesto.

Lo que la gente con esta mentalidad necesita más es un grupo de cuidado y amigos que los apoyen; ¿pero cómo y dónde pueden encontrarlos? En muchas iglesias se satisface esta necesidad en grupos de hogares, cuyos miembros ejercen un interés mutuo en el bienestar de los otros. Pero el paso inicial —unirse a dicho grupo— es la decisión del que sufre.

Si bien la soledad social es indudablemente agobiante, la

soledad espiritual es todavía más fundamental para la condición, puesto que conlleva el sentimiento de aislamiento no solo de hombres y mujeres sino del Dios que únicamente puede llenar el vacío en el corazón humano.

Blaise Pascal, el notorio científico francés, sostenía que en cada corazón humano existe un vacío formado por Dios. Siglos antes de él, Agustín, obispo de Hipona, puso el dedo sobre la causa principal de la soledad: "Dios creó al hombre para sí mismo y nuestros corazones están intranquilos hasta que encuentran descanso en Él".

Por este motivo, la mayor necesidad de la persona sola es asegurarse que tiene una buena relación con Dios, el Gran Médico. Él tiene cura para cada carencia y enfermedad del corazón humano, ya sea espiritual o social.

CAUSAS QUE CONTRIBUYEN

En nuestra sociedad occidental indulgente y rica, donde la mayoría puede gratificar todos sus deseos, parece inexplicable que tantas personas sean víctimas del flagelo de la soledad y que esto prevalezca entre los ricos al igual que entre los pobres. Muchos factores se han combinado para producir este efecto.

Los grandes cambios en la estructura de la sociedad han aportado su cuota. La movilidad sin precedentes sobre la tierra y el aire ha alentado esta tendencia. Todos los años, veinte por ciento de una comunidad que vive en una situación urbana cambia su radicación. Esto inevitablemente precipita la ruptura de los grupos familiares y obstaculiza el desarrollo de un espíritu comunitario y la formación de amistades perdurables.

La tecnología moderna y la mágica del *microchip* han añadido inconmensurablemente a la complejidad, si bien uniforme, de la vida moderna. Todo tiende a crecer de forma más impersonal.

La vieja tienda de la esquina, con su atención y servicio personales, ha dado lugar a la competencia implacable del supermercado. La línea de producción masiva ha reducido a muchos trabajadores idóneos a la condición de robots humanos. El negociante competente, que solía enorgullecerse de su trabajo, se ha vuelto redundante, u obligado a una jubilación temprana. A continuación es cómo expresó sus sentimientos un jubilado involuntario:

> Desde que me he retirado de la competencia de la vida
> Cada día se llena de completa repetición,
> Me levanto cada mañana y desempolvo mi ingenio,
> Voy, levanto el periódico y leo los obituarios.
> Si mi nombre no figura allí, sé que no estoy muerto.
> Tomo un buen desayuno y vuelvo a la cama.

Paradójicamente, la rápida urbanización del mundo —un fenómeno moderno que ha engendrado 300 ciudades de más de un millón de habitantes— al obligar a la gente a vivir más cerca unos de otros físicamente, ha derivado en un aislamiento social aún mayor. De acuerdo con el censo realizado en 1982, solo aproximadamente el veinte por ciento de las personas de China vivían en centros urbanos. Hacia 1986 la proporción subió al treinta y siete por ciento.

Los bloques de apartamentos altísimos de las megaciudades se ven caracterizados más por el miedo y la sospecha que por la amistad y la vecindad. Hay, por supuesto, gloriosas excepciones a esta generalización, pero, lamentablemente, está muy cerca de la verdad. ¿No es una anomalía extraña que grandes cantidades de personas puedan vivir codo a codo, y al mismo tiempo sufrir de una intensa soledad? Sin embargo, ese es el caso.

LA INVASIÓN DE LA TELEVISIÓN

La televisión ha demostrado ser una bendición mixta. Como muchos otros inventos que tienen una gran potencialidad para el bien, la televisión ha sido explotada —se pudiera decir prostituida— por personas codiciosas y sin principios con objetivos egoístas e incluso malignos. Uno de sus efectos destructivos es que los televidentes habituales pocas veces se comunican entre sí de una manera significativa. Los hábitos de ver superficialmente adoptan una forma que inhibe la conversación inteligente y el pensamiento profundo.

Una gran cantidad de los programas presentados no son solo sin sentido, sino positivamente dañinos. La violencia y la pornografía se deslizan a través de la red del censor e invaden sin ser invitadas los hogares. Como una consecuencia directa, estamos recogiendo la cosecha en un índice cada vez mayor de crímenes.

Aparte de estas características crudamente adversas, a los televidentes se les alienta a vivir en un mundo de fantasía. En lugar de disfrutar de una acción e interacción genial y congenial con la familia y los amigos, muchos viven su vida indirectamente en las vidas de los actores y las actrices de televisión, sean buenos o malos. Cuando los padres, que se preocupan por las normas intelectuales y morales que se presentan a sus hijos, intentan controlar los programas, el resultado con frecuencia es la discordia familiar.

Estos factores implícitos en la invasión de la televisión se combinan para brindar un caldo de cultivo para la soledad.

LA SOLEDAD ES UNIVERSAL

"Es raro ser conocido tan universalmente y a la vez estar tan solo". Estas palabras certeras fueron pronunciadas por el gran científico Albert Einstein y demuestran que la soledad invade la vida de los grandes y de los intelectuales como la de los que están en estatus más bajos de la vida. No respeta a las personas. Pero tal vez fue la propia brillantez de Einstein lo que lo aisló de mortales menos capaces y dio nacimiento a su soledad.

Quizá más que en ningún momento de la historia, este flagelo se ha vuelto penetrante en el mundo y no menos entre las sociedades sofisticadas que entre las sociedades primitivas. Es una parte rápidamente creciente de la existencia humana, un hecho de la vida del que no se puede escapar. La soledad parece seguir el ritmo del cambio social e industrial en el mundo actual. Ha sido descrita con precisión como una enfermedad de deficiencia debilitante que no conoce limitaciones de edad, clase o sexo.

En un esfuerzo por descubrir el tipo de problema que era de mayor preocupación para sus lectores, un periódico estadounidense realizó una amplia encuesta. En las respuestas recibidas, predominaban tres problemas. Eran —en orden de prioridad—: El temor, la preocupación y la soledad. En el último de estos tres también hay elementos de los primeros dos. Pero es la soledad la que arroja la mayor sombra sobre nuestro mundo contemporáneo.

En una encuesta realizada entre pacientes de un hospital psiquiátrico, casi el ochenta por ciento sostenía que era la soledad lo que los había impulsado en busca de ayuda del psiquiatra. Con razón en su libro *Overcoming Loneliness* [Cómo superar la soledad], David Jeremiah la denominó "la enfermedad de la década, tal vez de toda década de mediados y fines del siglo XX".

Una gran cantidad de canciones pop modernas y letras se crean con temas melancólicos sobre la frustración, el vacío y la soledad. Gran parte de la música que las acompaña está compuesta en una clave menor y es un reflejo de los aspectos negativos de la vida. La música occidental trata sobre relaciones rotas, abandono e infidelidad. Todas estas cuentan su propia historia.

LA MEZCLA RACIAL

El efecto de la era electrónica, el creciente alcance de los medios de comunicación y de las comunicaciones y la población aburguesada de muchos países han puesto juntas a las personas hasta un grado nunca antes experimentado. La mezcla racial en muchas megaciudades es casi increíble. Recientemente hablé con el director de una escuela secundaria en Los Ángeles que me dijo que entre sus estudiantes estaban representados no menos de cincuenta y dos grupos étnicos.

En lugar de eliminar la soledad, como uno pudiera esperar, este contacto inescapable de las razas ha servido únicamente para exacerbarla. Parece haber pocos deseos en los grupos étnicos para superar las barreras raciales y culturales. Con demasiada frecuencia se da el caso de proximidad física sin intimidad emocional.

Los estudiantes extranjeros en tierras extrañas son excepcionalmente susceptibles a los estragos de este mal. Un alumno africano, que asistía a una universidad británica, le abrió su corazón a Mary Endersbee de la revista *Crusade* y le expresó su experiencia solitaria mientras luchaba por adaptarse a una cultura extraña:

> En casa, camino, con mis ojos en alto, encontrando los ojos de las personas que vienen por la calle hacia mí: Vecinos, familiares, amigos. Nos gritamos, nos saludamos. Aquí en Gran Bretaña camino por sus calles. Los ojos de las personas no se encuentran con los míos. Miran a lo lejos, evitando mi mirada. Nadie me saluda, nadie me grita. Todos parecen estar apurados, en silencio.

¡Cuán profunda y punzante era la soledad de este hombre! Y él representa a miles.

Un alumno de una universidad grabó una pregunta patética en su escritorio: "¿Por qué estoy tan solo cuando hay dos mil personas aquí?" Estaba aprendiendo la dolorosa lección de que puede haber un estrecho contacto físico sin una relación significativa.

> ¡Sí! En el mar de la vida aislado,
> Con callejones con ecos entre nosotros,
> Poniendo punto al mar indomable y sin límites,
> Nosotros, los millones de mortales, vivimos *solos.*
> —Mathew Arnold, *"To Marguerite"*
> [Para Marguerite]

───── 2 ─────

Aislamiento no es soledad

No hay nada nuevo en estar solo. Nos llega a todos tarde o temprano... Si tratamos de replegarnos, terminamos en un infierno más oscuro. Pero si enfrentamos la soledad, si recordamos que hay millones de personas como nosotros, si salimos e intentamos consolarlas a ellas y no a nosotros mismos, encontramos al final que ya no estamos más solos.

—Morris West, *The Devil's Advocate*
[El abogado del diablo]

SI BIEN HAY PUNTOS DE SIMILITUD entre el aislamiento y la soledad, está bastante mal hacerlos equivalentes sin una calificación. Es cierto que los dos a veces convergen, pero ni las palabras ni la experiencia son sinónimas.

La palabra *solo* aparece con frecuencia en la Biblia, pero en muy pocos casos se la puede hacer equivaler a la soledad. Nuestro Señor diferenció los dos conceptos cuando dijo: "Y me dejaréis solo; mas no estoy solo, porque el Padre está conmigo" (Jn. 16:32). La diferencia importante entre las dos palabras ha sido expresada de esta manera: La *soledad* es el resultado de la ausencia de intimidad personal o actividad significativa. El *aislamiento* es no estar en compañía de otros.

La soledad es siempre y esencialmente una experiencia negativa, mientras que el aislamiento con frecuencia es positivo y renovador. La soledad trae consigo un sentimiento de desolación y depresión que puede ser destructivo. Suele apagar la esperanza y extinguir las aspiraciones. El aislamiento puede generar un sentido de soledad que es tanto creativo como motivador. La primera es involuntaria y no deseada. El otro es voluntario y elegido deliberadamente.

El aislamiento fue la primera cosa que Dios vio que no era buena: "No es bueno que el hombre esté solo" (Gn. 2:18). Pero hay ocasiones en las que el corazón oprimido ansía el aislamiento más que cualquier otra cosa.

> Deseo
> Que pudiera ingresar
> Y cerrar la puerta
> De mi pequeña casa
> Para vivir solo
> Como lo hace un pequeño crustáceo.
>
> —Mumei

Siguiendo su argumento de que el aislamiento no era bueno para Adán, Dios creó: "una ayuda adecuada para él". Así que temprano en la historia de la humanidad, Dios indicó que la humanidad estaba hecha para el compañerismo. Fuimos creados como seres sociales, capaces de mantener relaciones afectuosas y compatibles tanto con Dios como con nuestros congéneres. Todo nuestro propósito creativo nunca podrá darse por sí mismo, solo en relación con otros hombres y otras mujeres. Ya que somos criaturas sociales por naturaleza, la ausencia de un amigo o compañero crea un vacío emocional que puede hacer desastres tanto en el cuerpo como en el espíritu.

Cuando el difunto Duque de Windsor abdicó al trono de Gran Bretaña para casarse con la mujer que amaba, pero que no era aceptable para la Familia Real, se autoexilió. Como resultado de su propia experiencia amarga declaró que la soledad no era solo un asunto de estar solo, sino el sentimiento de que a nadie realmente le importa lo que le sucede a uno. No es necesariamente ocasionada por un conjunto de circunstancias, es un estado de ánimo.

Harry Sisler traicionó el verdadero discernimiento con respecto a la parte interna del problema cuando escribió:

> El espíritu humano parece destinado a vivir solo.
> Lo que compartimos no es más que el umbral
> De la habitación de nuestro ser. Aún no mostradas
> Son las cualidades profundamente ocultas que se desdoblan.
> Lo que es verdaderamente nosotros, no lo revelamos.

Estar solo implica solo la separación física, pero sentirse solo implica tanto el aislamiento espiritual como psicológico. Produce un aislamiento de corazón, el sentirse apartado de los que nos gustaría tener como amigos.

Un cierto grado de aislamiento —estar solo con los pensamientos de uno— es un estado normal. Es fundamental para cultivar la vida interior. Todos pasamos por momentos en los que resulta esencial escapar de lo que Thomas Gray denominó "el conflicto innoble de la multitud enloquecedora" y participamos de la introspección constructiva. Sin ese retiro físico periódico, la vida espiritual carecerá de profundidad y frescura. En dicho período de aislamiento encontramos una alternativa bienvenida a la carrera de ratas de la vida moderna.

"La mayoría de nosotros está tan absorta en ganarse la vida", dijo un autor, "que no nos detenemos a pensar si estamos viviendo". Necesitamos estar solos para descubrir y enfrentar nuestro verdadero yo. Un momento de aislamiento autoimpuesto con frecuencia ha conducido a un autoanálisis de inestimable valor y a una nueva perspectiva de la vida.

> Gracias, Dios, por crear el silencio para descansar,
> El más encantador de todos los sonidos que oigo.
> Mis oídos me duelen y mi cuerpo se pone tenso,
> Demasiado ruido, demasiado fuertes, demasiado cercanos.

AISLAMIENTO CONSTRUCTIVO

Los períodos de soledad, si se los utiliza de una manera totalmente sincera, pueden prepararnos para ayudar a otras personas que se encuentran enfrentando el mismo problema. El deseo frecuente de soledad de nuestro Señor no era por el simple hecho de estar solo; era básicamente para disfrutar de la comunión con su Padre. Entonces, fortalecido y alentado por esa comunión, Él regresaba mejor preparado para satisfacer las exigencias de las multitudes necesitadas y solas que constantemente lo buscaban.

Lejos de ser una responsabilidad no bien aceptada, el aislamiento confiere muchos beneficios colaterales. Es en el lugar de la quietud que florece la creatividad, no en el ruido de la vida moderna. Estamos hechos de tal forma que mientras ansiamos la intimidad con otros seres humanos, hay momentos en que el aislamiento se vuelve imperativo, especialmente el silencio de la soledad con Dios, cuando otras voces han agonizado. Es entonces cuando tenemos la oportunidad única de escuchar sin prisa su "silbo apacible". El enriquecimiento que le sigue no puede ser exagerado, ya que la comunión con el Dios eterno es el medio más potente de satisfacción interior.

La necesidad de quietud y aislamiento nunca fue mayor de lo que lo es hoy día. A. W. Tozer escribe en su libro *Of God and*

Men [Sobre Dios y los hombres] que algunos de los hijos de Dios "quieren descubrir la bendición de la soledad espiritual" para volver a aprender las maneras de aislamiento y simplicidad. A ellos les ofrece su consejo:

> Retírese del mundo cada día a algún lugar privado... Permanezca en el lugar secreto hasta que los ruidos circundantes comiencen a desvanecerse de su corazón y lo envuelva un sentido de la presencia de Dios. Deliberadamente desintonice los sonidos desagradables y salga de su ropero resuelto a no oírlos. Escuche la Voz interior hasta que aprenda a reconocerla... Aprenda a orar internamente a cada momento. Luego de un tiempo podrá hacerlo incluso aunque trabaje.

VOLVER A OBTENER LA PERSPECTIVA DEL CIELO

El aislamiento permite la oportunidad necesaria de volver a obtener la perspectiva del cielo sobre los misterios de la vida. Esta fue la experiencia de Asaf el salmista, que abre su corazón y nos da a conocer su perplejidad en el Salmo 73.

Al estudiar el mundo que lo rodeaba y observar la prosperidad de las personas malas entre las que se movía, casi perdió su fe. Le desconcertó que Dios les permitiera prosperar y tener ganancia de sus hechos malos, mientras que con frecuencia las personas buenas parecían tener solo adversidad y sufrimiento. ¿Estaba Dios en verdad siendo justo al actuar de esta manera? A la luz de su aparente injusticia, Asaf había comenzado a preguntarse sobre el sentido y el mérito de ser justo.

James Russell Lowell pudo haber tenido en mente el dolor de Asaf cuando escribió sus conocidas líneas:

> Descuidado parece el gran Vengador,
> Las páginas de la historia no registran más que

Una lucha de muerte en la oscuridad
Entre los antiguos sistemas y la Palabra.
La verdad por siempre en el cadalso,
Equivocado para siempre en el trono.

Escuche a Asaf mientras vierte su queja:

En cuanto a mí, casi se deslizaron mis pies; por poco resbalaron mis pasos. Porque tuve envidia de los arrogantes, viendo la prosperidad de los impíos. Porque no tienen congojas por su muerte, pues su vigor está entero. No pasan trabajos como los otros mortales, ni son azotados como los demás hombres... He aquí estos impíos, sin ser turbados del mundo, alcanzaron riquezas. Verdaderamente en vano he limpiado mi corazón, y lavado mis manos en inocencia... Cuando pensé para saber esto, fue duro trabajo para mí, *hasta que entrando en el santuario de Dios, comprendí el fin de ellos...* (Sal. 73:2-5, 12-13, 16-17, cursivas añadidas).

No fue hasta que reparó en el silencio del santuario de Dios que la perspectiva del cielo nuevamente obtuvo la ascendencia y encontró un nuevo apoyo firme para su fe. Fue allí que la verdad contenida en las siguientes líneas de Lowell alcanzó su alma:

Sin embargo ese cadalso barre con el futuro,
Y detrás de la oscuridad desconocida,
Está Dios dentro de las sombras,
Cuidando a los suyos.

Habacuc el profeta quedó también desconcertado, y por el mismo motivo que Asaf, al observar al mundo que lo rodeaba desde su torre solitaria:

¿Hasta cuándo, oh Jehová, clamaré, y no oirás; y daré voces a
ti a causa de la violencia, y no salvarás? ¿Por qué me haces ver
iniquidad, y haces que vea molestia? Destrucción y violencia
están delante de mí, y pleito y contienda se levantan (Hab.
1:2-3).

En su reflexión sobre este pasaje en la revista *Life of Faith* [Vida
de fe], W. S. Hooton escribe: "Como muchos hoy día, a [Habacuc]
parece haberle resultado difícil reconciliar con el gobierno divino
los triunfos de los malos y los traicioneros por sobre los que,
cualquiera fueran sus pecados, no estaban tan cargados de culpa.
Los pecados del pueblo de Dios habían requerido corrección
(1:12) y el profeta sabía dónde encontrar su refugio".

¿Dónde halló la respuesta a esta perplejidad? En su torre
solitaria, cuando escuchó la voz de Dios.

En la prisa de nuestras vidas presionadas es fácil permitir que
el mundo dictamine nuestra agenda, que nos apriete dentro de
su molde, mientras nosotros mismos somos concientes de la sutil
erosión de nuestras propias normas y valores. Jesús no permitió
ni siquiera que la trágica necesidad y el sufrimiento de las masas
le robaran aquellos momentos preciosos de quietud. Eran oasis
sagrados en el desierto del pecado humano.

Él se identificaba tan profundamente con nuestra humanidad
que experimentó una soledad aguda, una de las dolencias sin
pecado que voluntariamente asumió en la encarnación. No le
sorprendió cuando todos sus discípulos Lo abandonaron y
huyeron. ¿Acaso no les había advertido de ese peligro? Y lo
abandonaron en su hora de mayor necesidad. Pero en esa hora
terriblemente oscura de su soledad, Él confesó su inquebrantable
confianza en la presencia de su Padre:

Y me dejaréis solo; *mas no estoy solo,* porque el Padre está
conmigo (Jn. 16:32, cursivas añadidas).

Este gozoso hecho compensó en abundancia la ausencia de compañerismo humano. Él conocía la panacea final para la soledad, y también podemos conocerla nosotros.

Dejemos que el alma desolada se consuele con el hecho: Dios está tan presente con sus hijos solos hoy día como lo estuvo con su Hijo. Pero es solo cuando creemos y nos apropiamos de ese hecho que gozaremos de las bendiciones y el beneficio de su conciente presencia.

De esta rica experiencia de caminar junto a Dios, Thomas À Kempis dio su consejo respecto de los valores del aislamiento:

> Observen los buenos tiempos para replegarse en ustedes mismos. Mediten frecuentemente sobre cómo es el buen Dios con ustedes. Deje de lado las preguntas tramposas. Lean cosas que muevan sus corazones. Si dejan de chismorrear y de charlar, encontrarán mucho tiempo para la útil meditación.
>
> Encontrarán en su lugar de oración lo que frecuentemente pierden cuando están fuera en el mundo. Cuanto más lo visiten, más querrán regresar. Pero cuanto más lo eviten, más difícil será volver.

TRANSFORMAR EL AISLAMIENTO

"Así se quedó Jacob solo" (Gn. 32:24). Estas palabras tienen un sonido quejumbroso. Pero en el encuentro que siguió, Jacob descubrió para su gran sorpresa que estaba solo con el mismo Dios que, durante dos décadas, lo había estado persiguiendo, con ardor y sin desalentarse, con el único propósito de bendecirlo. Y ahora él se encontraba en un callejón sin salida.

Para suavizar al hermano al que había defraudado tan vergonzosamente, Jacob había enviado a sus esposas, sus hijos y su rebaño, junto con lujosos regalos a Esaú. ¡Y ahora estaba completamente solo!

¡Cómo temía la hora de enfrentarse con su hermano! Poco había soñado que esta hora de aislamiento no planificado estaría cargada de bendiciones no imaginadas. Debía aprender que Dios nunca ceja en su deseo de bendecir a sus hijos que se equivocan.

> Ven, ah, tú, viajero desconocido,
> Del que todavía me aferro, aunque no puedo verlo;
> Mi compañía se ha ido,
> Y he quedado solo contigo:
> Contigo toda la noche pretendo estar,
> Y luchar hasta que rompa el día.
>
> —Carlos Wesley

Pero las palabras *quedado solo* pueden tener diferentes connotaciones para diferentes personas. Para algunos quieren decir ansias de descanso y quietud, para otros solo soledad dolorosa. Quedar a solas sin Dios es un infierno. Pero estar a solas con Dios es un sabor anticipado del cielo.

Fue solo cuando Jacob el tramposo se quedó a solas con Dios que se transformó en Israel, el príncipe, que ahora tenía poder con Dios y el hombre. ¡Qué gracia maravillosa de parte de Dios! Uno pudiera concebir de nuestro generoso Dios que le otorgara el privilegio de tener influencia con sus congéneres. Esta sería una expresión increíble del perdón y la restauración divinos. ¿Pero tener poder con Dios? Solo un Dios tan grande y tan bondadoso como el nuestro pudo haber concebido tal acto de amor y gracia.

> Débil como soy, para tomar botín,
> Infierno, tierra y pecado vencen con facilidad,
> Salto de gozo, sigo mi camino,
> Y como un venado vuelo a casa,

A través de toda la eternidad para demostrar
Que tu naturaleza y tu nombre es amor.

—Carlos Wesley

Ninguna edad es inmune

Oh, Dios, me enseñaste desde mi juventud, y hasta ahora he manifestado tus maravillas. Aun en la vejez y las canas, oh Dios, no me desampares, hasta que anuncie tu poder a la posteridad, y tu potencia a todos los que han de venir.
—Salmo 71:17-18

EN SU MANERA SINGULAR, Shakespeare ha retratado en *The Seven Ages of Man* [Las siete edades del hombre] los rasgos distintivos de carácter del individuo en cada etapa de la vida. Una progresión similar puede verse en el peregrinaje espiritual del hombre. Cada etapa del desarrollo continuo de la vida tiene sus propias características peculiares. Lamentablemente, también es cierto que desde la niñez hasta la vejez, la soledad está presente y tiende a asumir una forma diferente en cada etapa de la vida. Ninguna edad es inmune a sus estragos.

Los niños pequeños pueden experimentar la soledad en una etapa muy temprana de la vida. En su libro *Fear of Love* [Temor al amor], Ira J. Tanner dice: "La soledad empieza en la niñez, en algún momento entre el año y los tres años de edad. Es una condición principal de la vida, y es durante estos años que comenzamos por primera vez a experimentar la duda en cuanto a nuestra propia valoración".

Las emociones de los niños son indudablemente más volátiles que la de los adultos, pero para el niño son realmente dolorosas en ese momento. El niño tímido, por ejemplo, sufre una agonía cuando se lo separa de su madre en el primer día de clases. Del mismo modo, el niño que presenta un comportamiento contradictorio o impopular, el que tiene alguna deformidad física, se sentirá rechazado, dejado de lado, no querido.

Otros niños están solos porque sus padres les dedican muy poco tiempo o son insensibles a sus necesidades de afecto. El tiempo enormemente reducido en que dos padres que trabajan pueden pasar con sus hijos crea un vacío emocional en los corazones de sus hijos.

Con algunos niños sensibles, los malos entendidos o el temor al castigo pueden hacerles refugiarse en el aislamiento o vivir en un mundo de fantasía. Un niño de nueve años, por ejemplo, estaba jugando con sus amigos hace poco cuando accidentalmente inició un fuego que derivó en algunos daños. Puesto que su madre le había advertido que no jugara con fósforos, tuvo miedo de hacerse responsable de su participación.

Cuando su madre le preguntó si él había estado involucrado, lo negó de plano. Sin embargo, a partir de su subsiguiente comportamiento sus padres se convencieron de que había tenido participación en el fuego. Nuevamente él lo negó con firmeza. Pero cuando su madre le aseguró que si él había iniciado el fuego y lo confesaba, no sería castigado, reconoció su parte en el incidente. Era un niño pequeño muy descansado que salió del iglú de la soledad que había construido su miedo.

Una encuesta reciente revela que la soledad es el mayor problema que enfrentan los adolescentes hoy día. En *The Untapped Resource* [El recurso no utilizado], Ida Nell Holloway confirma esto al informar que los adolescentes y los adultos jóvenes suelen estar incluso más agudamente solos que las personas mayores. Esto se genera, en parte, por la necesidad desesperada que sienten de ser socialmente aceptados, en especial por los de su grupo. Han alcanzado la etapa intermedia cuando no se sienten identificados ni con el niño ni con el adulto. Como resultados, no tienen certeza respecto de cómo descubrir un nicho en el que puedan encajar cómodamente.

Naturalmente, quieren ser individuos con derecho propio. Recuerdo a mi hijo diciéndome, en sus primeros años de la adolescencia, que no quería ser conocido solamente como mi hijo, quería ser él mismo: Una etapa perfectamente natural del desarrollo.

Es a estas alturas que muchos jóvenes se alejan de sus padres y se aíslan. En su soledad tienen hambre de comprensión y aceptación. Si esto no se lo reciben en el hogar, lo buscan en otro sitio, a veces en lugares cuestionables.

El ruido excesivo y la actividad frenética parecen ser elementos esenciales de los patrones adolescentes contemporáneos. Los adultos no siempre valoran el resultado, y cuando la objeción se lleva a los extremos, el joven se siente rechazado y desaprobado por lo que se aísla en su soledad.

Todos estos factores se combinan para producir una soledad aguda que a veces encuentra su expresión en una conducta antisocial. Por lo tanto, no es de sorprender que el índice de suicidios entre adolescentes se haya duplicado en los últimos años.

En su libro, *Lonely, But Never Alone* [Solitario, pero nunca solo], Nicky Cruz llegó a la conclusión: "Si bien algunos suicidios son inducidos por las drogas, la mayoría de los suicidios entre los jóvenes o los intentos de suicidio entre ellos tiene detrás una historia de infelicidad, temores o soledad. Los que miran al suicidio como una solución ya se han sentido solos en el mundo".

En su rebelión contra las restricciones impuestas por los padres, algunos jóvenes intentan ahogar su soledad en el alcohol, en las drogas o desdeñando las normas y la cultura de sus familias tanto en la vestimenta como en la conducta. De esta forma esperan encontrar aceptación con un grupo más afín, aunque estén "descarriados". Es entre estos jóvenes que se encuentran los mayores problemas de cumplimiento de la ley.

El hijo único enfrenta aún otro tipo de soledad. Para detener sus tormentos, con frecuencia se repliega en un mundo de fantasía. Si no resulta ser imaginativo o creativo, capaz de crear su propia diversión, se encuentra viviendo en un mundo de adultos. Esto a su vez hace que le sea más difícil entablar relaciones fáciles con sus pares en el mundo de la realidad.

El hijo adoptado que es conciente de ese hecho enfrenta otro conjunto de problemas. Tiene que tratar con ese tipo peculiar de soledad que es generada por una falta de identidad. ¿Quiénes son sus padres? ¿Por qué lo abandonaron? ¿Por qué no es querido? ¿Es ilegítimo? Aunque los padres adoptivos puedan ser amables, las preguntas con frecuencia sin respuesta dejan una marca en un corazón sensible y solitario.

¡Se espera que las personas mayores se sientan solas! Es un error juntarlos a todos y equiparar la vejez con la soledad. La investigación revela que muchas personas mayores manejan mucho mejor este aspecto que sus contrapartes jóvenes. Para esto hay razones válidas. La soledad por lo general toma a la gente joven por sorpresa. Los ancianos, en cambio, esperan cierto grado de soledad.

A medida que transcurre el tiempo, descubren que la mayor parte de sus contemporáneos tienen experiencias algo paralelas, y entonces es más posible que tomen su condición filosóficamente. Sin embargo, estos no son la mayoría. Una gran cantidad de ancianos está desesperadamente sola. Para ellos la vida parece tener poco significado, especialmente si no tienen un hogar. No se sienten necesitados ni queridos, y este es uno de los aspectos más intensos de la vejez. Todo el mundo quiere sentirse necesitado.

La madre Teresa de Calcuta dedicó su vida a trabajar entre los pobres y los leprosos de esa trágica ciudad. Al aceptar el Premio Nobel en 1979, que se le otorgó por su increíble servicio con sacrificio, dijo que cada vez se daba más cuenta de que no ser querido es la peor enfermedad que cualquier ser humano puede llegar a experimentar. La enfermedad del espíritu es más grave que la enfermedad del cuerpo.

Para muchas personas ancianas —en especial para los hombres— la televisión es sumamente importante, ya que ayuda a pasar las horas vacías y sin sentido de forma menos monótona. Pero a lo sumo es una calle de un solo sentido. No exige ninguna respuesta. Solo requiere una observación pasiva. Y el viejo dicho demuestra ser cierto: Impresión sin expresión trae depresión.

Los que están confinados en lugares para el cuidado de ancianos están solos porque están separados de amigos y de familiares, a veces en un entorno que está muy lejos de ser agradable. Puesto que muchos de sus compañeros están muy avanzados en el camino a la senilidad, la conversación estimulante es rara.

No hace mucho estaba almorzando con una amiga que había entrado a su segundo siglo de vida. Me divertí cuando me tomó del brazo y me condujo afuera. "Ven y tengamos una conversación inteligente", me dijo, "casi nunca tengo pláticas sensatas con los demás en el asilo". Para aquellos cuyos poderes todavía son agudos y funcionan, tal atmósfera debe ser deprimente.

Son pocos para quienes la crisis de la jubilación, ya sea voluntaria u obligatoria, no genera cierto grado de trastorno emocional. La pérdida de compañeros y de un estado agradable, que generalmente acompaña a la jubilación, tiende a generar una pérdida de valoración propia también. Un contacto decreciente con la sociedad familiar puede dejar al jubilado sin una meta estimulante o una ocupación conveniente. La conversación alegre de la que se gozaba con compañeros de trabajo se extraña mucho, y la vida desciende a una aburrida monotonía.

Para la madre ocupada, se llega a una nueva crisis cuando el último hijo deja el nido. Esto puede ser para ella tan traumático como la jubilación de su esposo de su mundo de los negocios. El hogar, antes felizmente ruidoso, de repente se convierte en un vacío sombrío. La vida pierde su importancia y las madres de hijos adultos pierden su motivación. A no ser que pueda encontrar alguna actividad sustituta significativa, la soledad vendrá inevitablemente. Afortunadamente, es con frecuencia en esta etapa de la vida que el advenimiento de los nietos rompe el patrón.

Para el cristiano, la jubilación debería verse como una oportunidad divina y valiosa para nuevas aventuras y logros. Los mejores días no residen todos en el pasado. Los años de menor responsabilidad deben considerarse como una coyuntura, no un término, un excitante nuevo comienzo, incluso una nueva carrera. Ha demostrado serlo en muchos casos.

> Es verdad que los días finales dejan algo para hacer,
> Alguna verdad más profunda por aprender, algún don por
>   obtener,
> Déjenme seguir mi camino con mi mente alegre,
> Y agradecido, juntar los fragmentos que quedan.
> —T. D. Bernard

Pero no todos están de acuerdo con esta perspectiva. Contraponga esa visión optimista de los días de cierre de la vida con los que Lord Byron retrata en su *Childe Harold:*

¿Cuál es el peor de los enemigos que espera en la edad?
¿Qué estampa la arruga más profunda en la ceja?
Ver a cada ser querido borrado de la página de la vida,
Y estar como estoy ahora.

No obstante, las personas mayores o los jubilados no necesitan sentir que sus días de aporte significativo han pasado. No hay necesidad de que se resignen a la soledad. Si bien pueden estar menos activos físicamente de lo que lo estaban antes, no hay motivo para que sus años finales sean menos influyentes de otras maneras. A través de los años han adquirido mucha sabiduría y experiencia que pueden dar a conocer a la generación siguiente.

Longfellow reconoció la posibilidad de continuar fructífero en la vejez cuando escribió:

Puesto que la edad es oportunidad, no menos
Que la juventud en sí, si bien en otro vestido;
Y mientras la luz de la noche se desvanece,
El cielo se llena de estrellas
Invisibles durante el día.

El núcleo familiar

> *Más personas se sienten solas. Sus vidas consisten en la proximidad sin presencia, en relaciones sin contacto y en la familiaridad sin sentimientos.*
>
> —Tim Timmons, *Loneliness Is Not a Disease*
> [La soledad no es una enfermedad]

EL CAMBIO EN LAS ESTRUCTURAS sociales actuales nos ha hecho más vulnerables a la soledad que en el caso de los años anteriores. Hace poco más de un siglo, la gran mayoría de los hogares eran multigeneracionales. Tanto las funciones sociales como la actividad religiosa tenían su enfoque en el hogar. Los niños nacían allí, con amigos y parientes alrededor de la madre que iba a dar a luz; muy diferente del hospital moderno. Las muertes se producían allí, y los funerales se conducían desde el hogar familiar, no desde la funeraria.

Si bien esto no carecía de sus problemas, el resultado de la inevitablemente estrecha interacción era hacer que la familia fuera una unidad bien integrada, cuyos miembros reían y lloraban, trabajaban y jugaban juntos; muy distinta de la experiencia del llamado núcleo familiar actual.

Incluso en una comunidad tan entretejida era posible que los miembros de la familia se sintieran dolorosamente solos. Pero las oportunidades iban en contra de esto. Hoy día se ha invertido todo el panorama. En lugar de ser el centro de la vida familiar, el hogar se ha convertido, en su mayoría, en un punto de partida: A la universidad, al trabajo, a los deportes, a la actividad social, a la iglesia.

El núcleo familiar de hoy día, que consta de padre, madre y uno o dos hijos, ha reemplazado a la familia multigeneracional de poco más de un siglo. Este cambio social radical conlleva las semillas de su propia desolación; puesto que como lo está demostrando la generación actual, las condiciones sociológicas presentes son un campo fértil para la soledad aguda.

Imagine la soledad de un hijo único que ahora se le permite a los padres chinos. En sus esfuerzos por contener la explosión demográfica, las autoridades chinas han borrado dos palabras de su vocabulario: hermano y hermana. La mayoría de los niños chinos de la reciente generación no los tiene.

La movilidad y la inquietud cada vez más creciente de nuestra sociedad, que resulta del auge de los viajes en automóvil y avión, suele incrementar el problema. Algunos calculan que en muchas comunidades más de una familia en cinco cambia de ubicación cada año. Agregue a esto el hecho de que debido a las condiciones económicas, un número decreciente de familias ahora son dueñas de su propio hogar, y tenemos una situación que prohíbe a las familias enraizarse con profundidad. También hay un flujo industrial que hace que la gente se mude continuamente con la esperanza de obtener estabilidad y seguridad financiera en circunstancias más agradables.

En muchos países, la inmigración y flujo de refugiados y trabajadores extranjeros por temporadas agregan otra dimensión y aumentan la comunidad de los solos. La mezcla étnica, con su consiguiente confusión lingüística, constituye otro factor de aislamiento. Muchos de los niños alumnos de la primera generación de inmigrantes, que han sido arrancados de su propia cultura familiar, encuentran la adaptación sumamente dolorosa.

En la bulliciosa república de Singapur, casi tres cuartos de la población vive en pequeños apartamentos en edificios de muchos pisos. Este es el patrón de vida que está surgiendo en las ciudades en crecimiento de muchos países en vías de desarrollo.

El modo congestionado de la vida comunal, sin embargo, desalienta el desarrollo de relaciones afectuosas y duraderas con otras familias del complejo. Pocas personas llegan a conocer a sus vecinos de manera más que informal. Las familias viven en aislamiento, y el ánimo prevaleciente de desasosiego facilita el hecho de empacar y mudarse a otro sitio, lo que por lo general resulta ser igual de solitario. El estilo de vida de los que viven en apartamentos inhibe la formación de las relaciones estrechas tan esenciales para el desarrollo saludable de una familia en crecimiento.

La rápida aceleración de la urbanización en la mayoría de los países del mundo necesariamente implica la separación de lazos familiares ancestrales, dejando atrás la cultura familiar y avanzando a una ciudad grande, impersonal y que no da la bienvenida para enfrentar un futuro desconocido. No se necesita una imaginación vívida para visualizar el trauma de tal situación.

Los últimos informes demográficos revelan que ahora hay trescientas ciudades de más de un millón de habitantes. El hecho serio es que la mayoría de estas ciudades está en los países en vías de desarrollo que enfrentan problemas económicos, lo que les permite menos tratar los problemas que derivan de la sobrepoblación. Para muchos que abandonan sus situaciones rurales, esto significa una pérdida de identidad, de raíces.

Debido a la necesidad económica, ambos padres en la mayoría de las familias urbanas trabaja; una condición que se ha vuelto la norma, no la excepción. Esto deriva en un tiempo mínimo en que las familias pueden estar juntas en diversión relajada y comunión. Los centros para jóvenes y las actividades deportivas reclaman mucho tiempo de los jóvenes, y cada miembro de la familia pasa mucho más tiempo fuera del hogar, incluso en horas para entretenimiento.

LA TELEVISIÓN Y LA FAMILIA DE HOY DÍA

Cabe añadir unas palabras más sobre el efecto de la televisión sobre la familia, ya que no hay dudas que ha jugado un papel significativo en la soledad. Ha cambiado el rostro de la sociedad, y en general, ha tenido un sutil efecto perjudicial sobre la unidad de la familia. La conversación común entre los miembros de la familia se ve reducida a un mínimo. Los niños dejan de comunicarse libremente con sus padres, sentados en cambio con los ojos pegados a la caja fascinante. Los intentos para limitar el tiempo de mirar televisión o de controlar los programas son fútiles o por lo menos desagradables.

El vasto efecto de la televisión sobre los niños de nuestra época se revela por el hecho de que cuando el niño promedio llega a los dieciocho años, él o ella habrá dedicado más de veintidós mil horas al solitario mundo de la televisión.

A. C. Nielsen Co., la empresa de investigaciones cuyos índices determinan el destino de los programas de televisión de Estados Unidos, brinda estos hechos sorprendentes respecto de la influencia de los medios de comunicación sobre el hogar y la familia. Durante la temporada 1987-88, el hogar promedio estadounidense vio la televisión durante un tiempo estimado de cuatro horas y media por día.

Vladimir Kosma Zworykin, el inventor de la televisión nacido en Rusia, dijo en su cumpleaños número noventa y uno: "Nunca dejaría que mis hijos siquiera se acercaran a esta cosa".

Neil Postman, profesor de comunicaciones en la Universidad de Nueva York, dijo en una entrevista de *U.S. News & World Report* que la televisión, como un programa, moldea la inteligencia y el carácter de los jóvenes mucho más que la escuela formal. Entonces, cuán importante es que vean los programas correctos.

Malcolm Muggeridge, quien fue el entrevistador de televisión más conocido, expresó cáusticamente su visión del efecto de la televisión sobre la familia y la comunidad:

> Considere nuestra visión excesiva y obsesiva de la televisión. El hombre moderno promedio ve la televisión cuatro horas por día, lo que significa que pasa diez años de su vida mirando la pantalla del televisor; algo que evita la lectura, las pláticas y otros ejercicios de conocimiento.
>
> —*The End of Christendom* [El final de la cristiandad]

Incluso las valiosas e interesantes noticias tienen un menos así como un más. El comentarista de noticias de la *NBC*, John Chancellor señaló que la diferencia entre ver los noticieros por televisión y leer un periódico es enorme. Un hombre que lee su periódico puede ser su propio editor. Pero con la televisión, uno tiene que tomarlo o apagarlo.

Así que incluso después de una generosa tolerancia respecto de los indudables aspectos beneficiosos de la televisión, debemos concluir que es responsable de un elevado grado de aislamiento y de una consiguiente soledad, incluso dentro de la familia.

LA VIOLENCIA, LA INTIMIDAD Y LA FAMILIA MODERNA

Sin embargo, uno puede estar muy solo incluso en medio del círculo familiar. El agudo incremento informado en la violencia familiar indica que hay significativamente menos comunicación saludable, pero más aislamiento y alejamiento, que en los días del pasado. Entonces, era la familia la que brindaba estabilidad y daba el entorno básico para el desarrollo normal de la personalidad. Ahora, por el contrario, la violencia dentro de la familia está surgiendo como una fuente principal del crimen. Los refugios para mujeres y niños golpeados están a la orden del día.

Se informa que el veinte por ciento de las muertes de policías en Estados Unidos se atribuyen a la intervención de los mismos en reyertas familiares. El efecto final de esta violencia sobre los niños, que aprenden sus patrones de conducta en el hogar, es el de perpetuar esos patrones en los hogares de la próxima generación. Esto ya no es una teoría, sino un hecho establecido.

Uno pudiera haber esperado que el hogar fuera el lugar de la intimidad más profunda, y en muchos casos lo es. Pero con demasiada frecuencia ha degenerado en un lugar de ideales destrozados y esperanzas arruinadas. En lugar de amor, hay soledad y aislamiento.

Una señal de esperanza en una situación, que de otro modo sería terrible, es la atención incrementada que le prestan a la iglesia y al estado a la familia en la vida de la nación. En ambos círculos, cada vez más profesionales bien calificados y preocupados son asignados a trabajar en este importante segmento de la comunidad.

---5---

Los efectos de la soledad en la salud

Un estudio de nueve años realizado por investigadores de la Universidad de California demuestra que la soledad tiene un mayor efecto sobre la tasa de mortalidad que fumar, beber, comer o hacer ejercicio. El estudio descubrió que las personas sin cónyuges ni amigos presentaban una tasa de mortalidad del doble de las que tenían lazos sociales.

—ABC News

A LA SOLEDAD GENERALMENTE se la considera un asunto de las emociones, y de hecho lo es. Pero en su forma aguda y sin alivio sus efectos no están confinados a las emociones. Los especialistas tanto en salud mental como emocional afirman que puede inducir repercusiones físicas dolorosas y hasta dañinas, como muchos de los que los padecen han aprendido para su desaliento.

Por esta sola razón debe vérsela como un grave peligro para la salud. Un especialista eminente enunció su opinión de que hay una base biológica para nuestra necesidad de entablar relaciones humanas cercanas, y agregó que si no lo hacemos estamos poniendo en riesgo nuestra salud. Así que es un tema urgente que la persona sola busque diligentemente analizar su causa y aplicar la cura apropiada.

Los efectos fisiológicos varían según el individuo, ya que la constitución de cada persona es única. Migraña, agotamiento o apatía son efectos secundarios comunes. Pueden verse afectados los hábitos alimenticios, o puede producirse obesidad al comer demasiado en búsqueda de alguna influencia compensadora para el dolor interno. En algunos casos, decrece en gran medida el deseo sexual o se ve totalmente inhibido. Si la condición de soledad se prolonga indebidamente o es excesiva, puede producir un cambio significativo en la personalidad.

También pueden inducirse profundos efectos psicológicos. Puesto que la emoción juega un papel tan predominante en toda la vida, la supresión indebida de las emociones puede tener resultados psicológicos perjudiciales. El mejor curso es encontrar alguna salida satisfactoria para ellas —incluso las lágrimas—, que mantenerlas reprimidas. La imagen de macho que algunos hombres intentan demostrar puede ser gravemente contraproducente en este respecto.

Es una tendencia comprensible, aunque inútil, de las personas solas es buscar refugio en el aislamiento en sí mismas en lugar de buscar la compañía de los demás. Esta reacción con frecuencia tiene origen en un temor de que pueda surgir alguna falla u otro defecto de la personalidad en cualquier relación cercana, llevando la relación a su fin. Si bien están todo el tiempo ansiando la amistad, este temor hace que las personas solas mantengan encerrados sus verdaderos yo. Esto, a su vez, les dificulta acercarse primero a las demás personas y es igualmente difícil para las otras personas hacer un movimiento amistoso.

El importante psiquiatra William Glasser hace esta

sorprendente afirmación en su libro *The Identity Society* [La sociedad de la identidad]:

> Todos los síntomas, ya sean psicológicos o psicosomáticos, y toda conducta agresiva, irracional, son producto de la soledad y son compañeros del que está solo, personas que luchan por una identidad, pero sin éxito. Por lo que se identifican a sí mismos como fracasados.

No menos serios son los caminos de la soledad construidos en la vida familiar. La ausencia de bases estables para la vida familiar crea una atmósfera de inseguridad e incertidumbre que solo empeora la condición. La soledad hace que algunos ataquen ferozmente con un discurso o un acto violento. En lugar de deprimirse como lo hacen otros en estos casos, estas almas solitarias se enojan y expresan su frustración con una actividad destructiva.

La adicción al alcohol y a las drogas con frecuencia es síntoma de una soledad fuera de control. Pero esta adicción no es la verdadera enfermedad. Cuando una persona sola no puede encontrar aceptación en la sociedad normal, él o ella puede intentar esta ruta de escape, que al principio promete tanto, pero al final da tan poco y termina en un callejón sin salida depresivo.

También hay una relación vital entre la soledad y la enfermedad. Las personas que sufren enfermedades graves se ven obligadas a pasar mucho tiempo solas. Con frecuencia son tomadas por sorpresa por tal situación y por lo tanto no están preparadas para aceptar la crisis. El brusco contraste entre la libertad gozada por los amigos y los seres queridos y su propia separación de las cosas normales de la vida son con frecuencia una experiencia dolorosa.

Si la persona enferma está confinada en un hospital o asilo, las horas de visita son limitadas e incluso cuando son más generosas, los amigos no cuentan con tiempo ilimitado para las visitas. Cuando se agrega la soledad al dolor de la enfermedad, puede pesar sobre el espíritu de hasta el paciente más animado.

Los capellanes de los hospitales informan que en el curso de sus visitan se encuentran con muchos pacientes que no tienen amigos, nadie que los visite ni los alegre de año a año. Para estas personas que padecen, la soledad es inevitable y corrosiva. Con razón sus pensamientos se vuelven hacia dentro con lástima respecto de ellos mismos y sucumben en la amargura.

La enfermedad crónica siempre conduce a una medida de aislamiento. Con el transcurso del tiempo, los amigos se mudan o se alejan por una razón u otra. En las ciudades más grandes la distancia que uno debe recorrer es otro factor limitante. Así que las visitas son menos frecuentes.

Pero no hay necesidad de estar en cama para sentirse en prisión. Es posible que nuestra mente e imaginación enriquezcan nuestro aislamiento. El cristiano que conoce el consuelo de las Escrituras, y que mantiene una vida de oración vital y constante, encontrará en esos ejercicios una panacea satisfactoria para su propia necesidad. Puede deambular por el mundo en sus oraciones y así contribuir al cumplimiento de la Gran Comisión de Cristo.

Un ejemplo brillante de alguien que superó sus propios entornos de confinamiento es el de Madame Jeanne de la Mothe Guyon, miembro de la nobleza francesa que estuvo encarcelada en la infame Bastilla durante quince años durante la Revolución Francesa.

A pesar de las atroces condiciones en las que se encontraba, tan grande era su deleite en Dios que su espíritu traspasaba los muros de su prisión. Ella dijo que las piedras de su cárcel brillaban como rubíes. Triunfante de espíritu, escribió estos versos:

> Soy un pájaro pequeño,
> Apartado de los campos de aire,

Sin embargo, en mi jaula me siento y canto
¡A Él que me colocó allí!
Complacida estoy como prisionera,
Porque, mi Dios, te complació a ti.

No tengo nada más qué hacer,
Canto todo el día,
Y Él, a quien más amo complacer
Escucha mi canción.
Él atrapó y ató mi ala voladora,
Y aún así Él se deleita en oírme cantar.

Mi jaula me confina,
Afuera no puedo ir,
Pero aunque mi ala está fuertemente atada
Mi corazón está en libertad.
Las paredes de mi prisión no pueden controlar
El vuelo, la libertad del alma.

Ah, es bueno remontar
Estos pernos y barras por encima,
Hacia Él cuyo propósito adoro,
Cuya providencia amo,
Y en tu poderosa voluntad encuentro
El gozo y la libertad de la mente.

Como esa prisión que confina, un lecho de enfermo puede transformarse en un trono y convertirse en un centro de ministerio y salvación, como lo revela el siguiente incidente:

En 1939 tuve el privilegio de visitar a una de las grandes mujeres nobles de Dios, a Hannah Higgens de Melbourne, Australia. Durante sesenta y nueve de sus ochenta y dos años había estado en constante dolor como resultado de una enfermedad progresiva de los huesos que finalmente requirió la amputación de ambos brazos y piernas. Sin embargo, en su "jaula" ella "se sentaba y cantaba a Él que la ubicó allí". Ella denominó a su casa "Alegre deseo". Y durante cuarenta y tres años vivió en una habitación.

Cuán fácil hubiera sido para ella cejar en la lucha y recaer en una orgía de lástima propia. En cambio, ella aceptó sus limitaciones y actuó en su ministerio otorgado por Dios para dar a conocer a otros inválidos el amor y el consuelo de Dios que había sido su porción.

Tenía un aparejo fijado al muñón de su brazo derecho que le permitía escribir con una pluma fuente. Se necesita poca imaginación para comprender el esfuerzo físico que debía ejercer al escribir, ya que tenía que usar todo su cuerpo par formar cada carácter. Mientras escribo, tengo ante mí una de sus cartas en la escritura casi sin defectos en la que aprendió a escribir.

El pequeño cuarto de Hannah se convirtió en un lugar de peregrinaje para personas de todo el mundo. De allí salían miles de cartas a visitantes y personas que sufrían como ella en todo el mundo, lo que produjo una cosecha rica de bendiciones. Las paredes de su habitación estaban cubiertas de fotografías de personas que le escribían; personas a quienes ella había ministrado y en muchos casos conducido al Señor. De ella pudiera decirse verdaderamente que tornó su problema en un tesoro y su angustia en una canción.

Hazel Gillanders, al escribir en la revista *New Life*, registra estos sentimientos de la señorita Higgens:

"Tengo tanto por lo cual estar agradecida, tantas misericordias", escribió. "Con frecuencia he intentado contarlas, pero es imposible. Son innumerables. Si bien estoy privada de salud y fuerza y de mis miembros, Jesús es mucho más precioso que nunca... Con mucha frecuencia me preguntan si no me parece que el tiempo es largo. No, y verdaderamente puedo decir que nunca me siento sola".

¿Quién puede medir la gloria y el gozo que esta sufriente valerosa llevo al corazón de Dios, o las corrientes de bendiciones que fluyeron por todo el mundo desde esa humilde habitación?

Hace poco recibí una carta de un amigo en la que dice lo siguiente:

Mientras caminaba por el desierto, Moisés descubrió una zarza ardiente. Sorprendentemente, la zarza no se estaba quemando, entonces Moisés se acercó para ver por qué. Luego Dios le habló desde la zarza ardiente. No era poco común ver una zarza ardiente; lo inexplicable era ver que la zarza no se consumía. No es inusual ver a personas golpeadas por pruebas feroces; es notable cuando no son consumidas por ellas. Y Dios con frecuencia les habla a los espectadores en medio de las pruebas.

6

Soltero, pero no solo

Bueno le sería al hombre no tocar mujer... A los solteros y a las viudas, que bueno les sería quedarse como yo... En cuanto a las vírgenes... que hará bien el hombre en quedarse como está.

—1 Corintios 7:1, 8, 25-26

"VIVO SOLA Y SIN EMBARGO, nunca estoy sola. ¿Por qué debería estar sola cuando tengo a Dios?" Estas palabras fueron pronunciadas por una mujer de noventa años de edad, con salud precaria y con pocos bienes de este mundo. Ella ejemplifica el hecho de que la soltería no debe equipararse con la soledad.

Cada generación crea su propio nombre para diferentes categorías de personas. Pero a partir de la segunda mitad del siglo XX, han surgido dos categorías: Los "solos" y los "padres solteros". Por supuesto que siempre han estado con nosotros, pero nunca en las proporciones que han alcanzado en la actualidad. Ya sea por elección o por fuerza de las circunstancias, una cantidad creciente de personas están viviendo solas.

El predominio del divorcio y la aceptación de la homosexualidad como un estilo de vida alternativo se han agregado dramáticamente a la cantidad de solteros. Tan importante es este cambio en nuestra cultura que ha perturbado a toda la estructura social y ha creado la necesidad de cambios importantes en la legislación.

El surgimiento de una sociedad de alta tecnología y las presiones de las necesidades financieras han influido en más mujeres a concentrarse en sus carreras, en lugar de en el hogar y en la familia como lo era antes. La riqueza comparativa de la que se goza en muchos países occidentales suele alentar el crecimiento del estilo de vida de soltería.

Un informe afirma que la cantidad de ciudadanos estadounidenses que viven solos aumentó en un 385 por ciento entre los años 1971-81. El resultado es que la cantidad de niños que viven con el padre o la madre también ha crecido mucho. Casi una persona de cada tres vive sola. Una tendencia comparativa, si bien hasta un alcance bastante menor, se está dando en otros países desarrollados.

La mujer soltera es especialmente propensa a sufrir de una soledad aguda al ver a los de su grupo casarse y establecer hogares y familias propias. Muchas ansían profundamente el cumplimiento de su capacidad dada por Dios de la maternidad. En un mundo que se inclina en gran medida por el matrimonio, ella se siente tentada a sentirse como alguien que no encaja. Pero nuestra sociedad se está adaptando a esa situación.

LA SOLTERÍA Y LAS MISIONES

Al pensar en la soltería, no deberíamos dejar de lado el hecho de que Jesús y Pablo encontraron satisfacción siendo solteros. De hecho, algunos de los santos más grandes del mundo, tanto hombres como mujeres, han sido solteros.

Los campos de misión del mundo estarían enormemente desechos si no fuera por la magnífica contribución de las mujeres solteras, una contribución que afortunadamente continúa.

Un ejemplo notable de la forma en que un grupo de mujeres solteras encontró satisfacción al no estar casadas ocurrió en el interior de China. Hudson Taylor, fundador de la *China Inland Mision* (ahora llamada *Overseas Missionary Fellowship*) fue un pionero en las áreas de trabajo misionero. Él fue el que primero alentó a laicos a que emprendieran el trabajo misionero. También fue el que primero hizo participar a mujeres solteras como pioneras en nuevas zonas de China. En 1885 la misión abrió centros en el populoso río Kwang Sin, y puesto que no había hombres disponibles para la tarea, el trabajo lo realizaron por completo mujeres solteras.

Treinta y dos años después hubo una cadena completa de diez estaciones centrales, sesenta estaciones externas, más de dos mil miembros de la iglesia y muchas más personas interesadas en asuntos espirituales. Estas y otras mujeres solteras que se unieron a ellas eran aún las únicas misioneras extranjeras junto a los pastores nacionales a los que habían capacitado. Nadie pudiera decir que no encontraron satisfacción, aunque eran solteras.

EL PUNTO DE VISTA DE PABLO

En su clásico tratamiento del tema de los no casados o los viudos, Pablo repitió tres veces la afirmación de que "es bueno ser [o permanecer] no casados". Estas son sus declaraciones:

Bueno le sería al hombre no tocar mujer... Digo, pues, a los solteros y a las viudas que *bueno* les sería quedarse como yo... En cuanto a las vírgenes no tengo mandamiento del Señor; mas doy mi parecer... *Tengo, pues, esto por bueno debido a la necesidad que apremia;* que hará *bien* el hombre en quedarse como está... ¿Estás libre de mujer? No procures casarte (1 Co. 7:1, 8, 25-27, cursivas añadidas).

En los primeros dos versículos, Pablo deja en claro que está escribiendo por mandamiento del Señor. En el tercer pasaje afirma que es una expresión de su criterio santificado respecto de la sabiduría de casarse, en vista de la crítica situación política del momento. En otras palabras, no está indicando una prohibición universal para todos los tiempos.

Pablo no indica la naturaleza de la crisis, pero en esos días turbulentos en el Imperio Romano, las crisis eran comunes. Al parecer consideraba la crisis existente tan grave que creía que el curso más sabio para los no casados sería permanecer solteros hasta que se resolviera la crisis.

LA ENSEÑANZA DE CRISTO

Nuestro Señor también hizo una importante pronunciación sobre el tema, que da seguridad de que la soltería puede ser honorable y digna de alabanza.

Pues hay eunucos que nacieron así del vientre de su madre, y hay eunucos que son hechos eunucos por los hombres, y hay eunucos que a sí mismos se hicieron eunucos por causa del reino de los cielos. El que sea capaz de recibir esto, que lo reciba (Mt. 19:12).

La implicación es llana. Están los que son tan disciplinados y tan motivados que eligen la soltería para darle un servicio sin distracción al Señor y a sus congéneres.

Jesús no dijo que esto fuera obligatorio, sino optativo. No todos pueden ascender a un estilo de vida tan disciplinado. Pero debemos reconocer que la iglesia y el mundo le deben mucho a los que han elegido deliberadamente este curso de sacrificio.

Entonces, a partir de las enseñanzas tanto de Cristo como de Pablo, aprendemos que ninguno consideró al estado de soltería como el segundo mejor. Ni que las personas solteras deben considerarse de algún modo inferiores o sin privilegios. Pablo reforzó esta visión cuando escribió:

> Quisiera más bien que todos los hombres fuesen como yo; pero cada uno tiene su propio don de Dios, uno a la verdad de un modo [el don de estar casado], y otro de otro [el don de ser soltero] (1 Co. 7:7).

Sin embargo, no todas las personas solteras pueden considerar su estado bajo esa luz. No es poco natural que ellos comparen su parte con la de sus contemporáneos que, después del trabajo, regresan a un hogar que les da la bienvenida y a su familia, y no a un apartamento vacío.

A veces las circunstancias hacen que sea poco aconsejable o imposible casarse. Para otros la oportunidad del matrimonio no se ha cruzado por su camino; o una relación prometedora no se ha concretado. En tales casos, el desgastado dicho se aplica como cierto: "En la aceptación reside la paz".

En una ocasión escuché a una misionera soltera de un poco más de treinta años dar su testimonio antes de partir para su segunda término. Habló con franqueza de su deseo de un compañero para la vida y admitió qué lucha había sido para ella enfrentar la continua soledad de una vida de soltería en el campo misionero.

Cuando llegó el momento del permiso, decidió que debía enfrentar realistamente el tema de una vez por todas. Se dijo a sí misma: "Bueno, parece que estás olvidada, nadie parece morirse por casarse contigo, a pesar de tus oraciones. Pudieras aceptar eso como concluyente y seguir con tu tarea".

Una vez que finalmente enfrentó y aceptó el hecho de su soltería como la buena y perfecta voluntad de Dios para ella, el problema cedió y su corazón estuvo en paz. Testificó que se iba a casa llena de gozo y paz, aunque estaba permanentemente "olvidada".

Pero ese no fue el fin de la historia. Poco después de su regreso al campo, para su gozo y sorpresa, descubrió que alguien "se moría por casarse con ella". Hoy día ella y su esposo están realizando un aporte valioso al reino de Dios en Asia.

Las cosas no siempre terminan tan felizmente, pero advierta que una vez que ella hubo aceptado el hecho de su soltería, en lugar de rebelarse y luchar contra ella, la paloma de la paz alivianó su corazón. Pero incluso si no le hubiera llegado alguna oferta de matrimonio, la paz de Dios habría suplantado la antigua soledad y hubiera demostrado la verdad de Romanos 12:2 que la voluntad de Dios es "buena, agradable y perfecta". Hubiera podido cantar con Tersteegen:

> Tu dulce, amada voluntad de Dios,
> Mi ancla a la tierra, mi colina del fuerte,
> La morada silenciosa y justa de mi espíritu,
> En ti me oculto y me quedo quieto.
>
> Por la voluntad de Dios me conduciré,
> Como un niño en el pecho de su madre;
> Ningún sillón de seda, ni la cama más suave
> Podría jamás darme ese descanso profundo.
>
> Tu maravillosa, grande voluntad, mi Dios,
> Con triunfo la hago ahora mía,
> Y la fe clamará un gozoso: ¡Sí!
> Ante cada amado mandamiento tuyo.

LAS VENTAJAS DE LA SOLTERÍA

Con tantos matrimonios que terminan en divorcio, la soledad que sumerge a las partes de este matrimonio roto probablemente sea más aguda que la de la persona no casada. Para el divorciado hay además una hueste de factores que complican, especialmente cuando hay niños involucrados. La dicha solitaria puede ser preferible a la desdicha matrimonial.

En el pasado, las personas por lo general pensaban y enseñaban que el estado matrimonial era el ideal de Dios para los hombres y las mujeres. No caben dudas de que es el estado normal, pero en nuestro mundo contemporáneo este ideal no puede concretarse porque estadísticamente no hay suficientes hombres. Inevitablemente algunas mujeres deben permanecer solteras.

Si el estado de soltería es la voluntad de Dios para algunos, tanto hombres como mujeres, aunque se pudiera preferir el matrimonio, de todos modos esa voluntad es "buena, agradable y perfecta" (Ro. 12:2). Lo inverso también es cierto: Cualquier cosa que no sea la voluntad de Dios es mala, desagradable e imperfecta. Por ende, puesto que su voluntad es aceptable, deberá ser aceptada, adaptada a y ornamentada.

Felipe el evangelista fue bendecido con cuatro hijas solteras (Hch. 21: 8-9). Su soltería no evitó que sirvieran como profetizas y que ejercieran un ministerio fructífero y satisfactorio. Fueron muy estimadas en la iglesia primitiva. De hecho, al escribir sobre ellas, Eusebio, uno de los padres de la iglesia, las describió como "luminarias poderosas en la iglesia primitiva".

Esto por cierto debería alentar a otras mujeres solteras que no están seguras de su condición en la obra cristiana. El ministerio de las hijas de Felipe fue mucho más que servirles tazas de té a los hombres. Y a lo largo de los siglos, mujeres solteras devotas han tenido un ministerio similarmente invalorable. El servicio de Henrietta Mears de California, por ejemplo, fue un

factor predominante en las vidas de más de cien de los grandes
líderes cristianos de Estados Unidos, como Bill Bright y Howard
Hendricks.

Una mujer soltera es libre de establecer vínculos estrechos con
otras personas solteras de todas las edades, así como también
con familias. Tiene un alcance abundante para sus instintos de
construcción de un hogar y para ejercer sus gustos estéticos.
Puede extender una hospitalidad imaginativa a los solos y a los
sin techo. Si tiene su propio hogar, puede usarlo en los intereses
del reino.

Si bien no tienen hijos propios, las mujeres solteras tienen
amor para dar y pueden derrochar su afecto sobre los hijos de
otras personas. Y cuando se da afecto, generalmente se lo recibe
de manera recíproca.

Una misionera que se acercaba a su cumpleaños número
setenta me dijo una vez:

—¿Sabes cuál será una de las primeras preguntas que le haré
al Señor cuando llegue al cielo?

—No respondí.

—Le voy a preguntar por qué no me dio un esposo. Quería
mucho tener un esposo, ¡y hubiera sido una buena esposa!

Si bien nunca recibió la respuesta aquí, la negación de Dios
no la amargó ni la hizo sentirse resentida y amargada. En cambio,
ella vertió la riqueza de afecto que hubiera prodigado a su esposo
y a su familia en las vidas de miles de niños en China y Gran
Bretaña, porque el Señor le dio un ministerio singular para los
niños.

Cuando murió hace unos pocos años, no hubo duda de que
había cientos del otro lado esperando darle la bienvenida.
Encontró su descanso al aceptar la seguridad del Señor: "Lo que
yo hago, tú no lo comprendes ahora; mas lo entenderás después"
(Jn. 13:7).

Así que la soltería puede ser activada para Dios y convertirla en espiritualmente productiva. Recuerde la novena beatitud: "Más bienaventurado es dar que recibir" (Hch. 20:35). Allí reside el secreto para vencer la soledad cuando uno es soltero.

La desolación del luto

Deja que la angustia haga su trabajo,
Que venga el dolor o el pesar
Dulces son tus mensajeros,
Dulce su respuesta;
Cuando pueden cantar conmigo
Más amor oh Cristo para ti,
Más amor para ti.
—Elizabeth Prentiss

UNO DE LOS CREADORES MÁS prolíficos de la soledad es la pena y la angustia que acompañan el luto. En las primeras etapas de esta experiencia desoladora, el sentido de la pérdida del ser querido es tan penetrante que la persona adolorida no puede creer que el sol vuelva a brillar de nuevo. Parece bastante fuera de los límites de la posibilidad que uno pueda volver a enfrentar la vida con alguna semblanza de alegría.

Elisabeth Elliott, cuyo esposo fue asesinado por los indios auca de Ecuador, a quienes él había venido con el evangelio, describe con palabras punzantes sus primeras reacciones ante la inesperada experiencia del luto. Los sentimientos que expresa tienen un sonido familiar para los que han recorrido el mismo sendero:

> Silenciosa, rápida, implacable, la Guadaña ha barrido y hemos quedado… Llega el correo, suena el teléfono, el miércoles le da lugar al jueves, y esta semana a la semana siguiente. Uno tiene que seguir levantándose por la mañana y peinarse el cabello (¿para quién?), tomar el desayuno (recuerda solo sacar un huevo ahora), hacer la cama (¿a quién le importa?)

Lo punzante de la soledad no acostumbrada reside en la ausencia de alguien a quien amar, a quien querer, con quien hablar las cosas y a quien servir. Alguien con quien unirse en el proceso de la toma de decisiones; alguien con quien compartir las alegrías y las penas de la vida; alguien con quien deleitarse en nuevos y excitantes descubrimientos de la Palabra de Dios y del mundo de Dios. Nos angustiamos solos y nos inclinamos a pensar, equivocadamente por supuesto, que nadie ha sentido o pudiera sentir la intensidad de los dolores de la soledad y la angustia como los sentimos nosotros.

En los días después de la muerte de su amada esposa Sara, el veterano predicador sureño Vance Havner escribió estas palabras en un artículo del *Moody Monthly* titulado "Sara se fue". Tocarán en los corazones de los que recientemente pasaron por lo mismo.

> Una y otra vez me encuentro diciendo: "¡Sara se fue!" Con ella se fueron miles de otras cosas preciosas que hicieron que el pasado fuera tan maravilloso. Se ha ido la anticipación de regresar a casa para ser saludado en la puerta del apartamento o en el aeropuerto. Se ha ido la emoción de oír su voz del otro lado del teléfono, y el alegre: "¡Hola, cariño!" Se han ido esas cartas por correo aéreo diarias en el buzón… Se ha ido esa hermosa cara en la congregación, sonriendo ante las bromas

que me ha oído contar innumerables veces. Se han ido, y la conciencia helada, adormecedora de que nunca más podrá ser. Todos estos años he viajado, pero nunca la soledad ha descendido sobre mí como ahora. Me encuentro instintiva, subconscientemente, buscando alrededor como si mi querida Sara debiera estar en algún lugar cercano, leyendo una revista, solo esperando ser feliz conmigo. La extraño tremendamente, pero no deseo que vuelva. En cambio, corrijo mi paso y me apuro para alcanzarla.

LA PENA DEBE ACEPTARSE Y EXPRESARSE

Tarde o temprano la pena debe aceptarse como algo inevitable. Debemos enfrentar el hecho con realismo de que, en el curso normal de los eventos, una de las partes de todo matrimonio puede esperar viajar el último tramo de la carrera solo. Algunos de nuestros contemporáneos morirán antes que nosotros. Pero el reloj de la vida no se detiene con la muerte de un cónyuge o amigo querido, debe seguir adelante y nosotros también.

> La vida debe continuar
> Y olvidar a la muerte;
> La vida debe continuar
> Aunque mueran hombres buenos;
> Anne, toma tu desayuno;
> Dan, ¡toma tu remedio!
> La vida debe continuar,
> Aunque olvidé por qué.
> —Edna St. Vincent Millay

Sin embargo, el hecho importante es que podemos elegir, y lo hacemos, la manera en que terminamos nuestra propia carrera. No somos los juguetes de un implacable destino.

"La angustia le da color a la vida, ¿no es cierto?", le dijo un amigo a otro que había sufrido recientemente de luto. "Sí, de hecho lo hace", fue la respuesta. "Pero tengo intenciones de elegir los colores". ¿Qué colores elegirá usted?

Recientemente recibí una carta de un amigo que había perdido a su esposa. Fue escrita en las primeras etapas de su dolor. "'Ah por el roce de una mano desvanecida y el sonido de una voz que está quieta' es una cita que tenía poca importancia para mí hasta que el dedo de Dios tocó a mi amada esposa. Quedé en la desolación y el silencio de vivir solo. Sin embargo, la vida no cesa, a pesar de las condiciones cambiadas y del ritmo alterado al que es difícil adaptarse. 'Mi gracia es suficiente' es una preciosa promesa que le permite a uno continuar".

En las primeras etapas del luto, si bien podemos estar familiarizados con las respuestas del libro de texto y los remedios prescriptos por queridos amigos para aliviar nuestra pena, si bien podemos asentir intelectualmente a reaseguros bien intencionados de que el tiempo curará el dolor, nuestras emociones niegan tenazmente esa posibilidad. Solemos buscar alguna ruta de escape inmediata.

"Algunas personas huyen del dolor, van en cruceros por el mundo, o se mudan a otra ciudad. Pero no escapan, creo. Los recuerdos espontáneos surgen en sus mentes, tal vez diseminados a lo largo de los años. Hay algo que decir para enfrentarlos deliberada y directamente". Así escribe Sheldon Vanauken en *A Severe Mercy* [Una misericordia severa].

Como alguien que ha sufrido dos veces el trauma de separarme de una amada esposa, puedo decir desde mi propia experiencia que si bien el tiempo no quita y no puede quitar el profundo sentido de la pérdida, sí erosiona el afilado cuchillo de la angustia.

A veces un sentido de desolación lo acongojará, pero esos ataques disminuyen en frecuencia con el transcurso del tiempo. Si entonces, con un firme propósito alejamos nuestros pensamientos de nosotros mismos hacia satisfacer las necesidades de los demás, es notable cómo se calma nuestra pena.

Hay un sentido limitado en el que el tiempo es el gran sanador y consolador, si no que es Dios, nuestro amante Padre, el que cumple esa función, puesto que Él es el "Padre de misericordias y Dios de toda consolación, el cual nos consuela en todas nuestras tribulaciones" (2 Co. 1:3-4). Nunca debemos perder de vista el hecho de que en el desierto de nuestra angustia, está la refrescante fuente del consuelo de Dios.

Se predijo del Mesías por venir que el Señor lo enviaría:

> ...*a vendar a los quebrantados de corazón*... *a consolar a todos los enlutados; a ordenar que los afligidos de* Sion se les dé gloria en lugar de ceniza, óleo de gozo en lugar de luto, manto de alegría en lugar del espíritu angustiado (Is. 61:1-3, cursivas añadidas).

Nunca debemos subestimar lo que Dios puede hacer por nosotros en estas circunstancias, incluso en el momento en que el pensamiento de recibir consuelo parece una posibilidad remota. Él es "poderoso para hacer todas las cosas mucho más abundantemente de lo que pedimos o entendemos" (Ef. 3:20).

En su obra clásica *David Copperfield*, Charles Dickens describe a la señora Gummidge como la mujer más egoísta y de mal carácter de Yarmouth. Pero cuando el pueblo fue alcanzado por un gran desastre, se olvidó de sí misma al ministrar a sus necesitados vecinos en su desolación. La experiencia la transformó. Copperfield estaba asombrado por la increíble transformación de su carácter. Lejos de ser centrada en sí misma, ahora se había convertido en una sierva de la comunidad que se olvidaba de sí misma. Dickens era un psicólogo muy discernidor. La soledad y el olvidarse de uno mismo no pueden dormir en la misma cama.

LOS CRISTIANOS SUFREN, PERO NO TANTO COMO LOS DEMÁS

Es posible que nos volvamos tan obsesionados con nuestra pérdida que nos sintamos abrumados por la pena. Si bien el hecho de expresar abiertamente nuestra pena es beneficioso y necesario, puede haber un exceso de pena que es dañino psicológica y espiritualmente. Y lo que es más importante: Deshonra a nuestro Padre amante, cariñoso y celestial. Es correcto que los cristianos se angustien como lo hacen otros hombres y mujeres, ya que el ser cristianos no nos deshumaniza. Pero no debemos angustiarnos del mismo modo en que lo hacen los que no tienen esperanza tras la tumba.

La actitud de un cristiano ante la muerte de un ser querido debe parecer paradójica a los que no tienen experiencia del amor y el cuidado de nuestro Padre celestial, los que no comparten la esperanza que Él nos da de una reunión gozosa más allá de la tumba.

Para la mayoría de los no cristianos, la muerte es una tragedia no mitigada que debe posponerse tanto como sea posible. En la muerte de un creyente hay una marcada diferencia. La angustia de los que quedan no es menos real ni dolorosa, pero hay factores compensatorios que Dios pone en juego, factores que agitan la esperanza a través de las lágrimas y que arrojan luz en medio de la tristeza.

¿Cómo podemos nosotros, que nos preocupamos por el ser amado que partió, seguir penando porque nuestro ser querido ha sido liberado del confinamiento de un cuerpo doliente y ahora está ante la presencia inmediata de Cristo, que Pablo asegura que es "mucho mejor"? Gozar de la unión sin fin con Él y disfrutar en la comunión de los santos no es causa de angustia.

Si bien no es una cura cierta para la angustia, la concentración en estos aspectos positivos que rodean a la pérdida de un ser querido ayudará, en alguna medida, a contrarrestar el permanecer en exceso en nuestro propio sentido de la pérdida.

Abrazar nuestra angustia y alimentar nuestra pena solo perpetuará el dolor y nos dificultará más una semblanza de la vida normal y de utilidad para la comunidad. No debemos intentar mantener viva nuestra pena, como lo hacen algunos que no creen que la vida puede nuevamente volver a ser casi normal. Sucumbir a la visión negativa de las cosas nos hará prisioneros de nuestro dolor y nos evitará alcanzar metas nuevas y alentadoras en los días por venir.

> Tampoco queremos, hermanos, que ignoréis acerca de los que duermen, *para que no os entristezcáis como los otros que no tienen esperanza.* Porque si creemos que Jesús murió y resucitó, así también traerá Dios con Jesús a los que durmieron en él (1 Ts. 4:13-14, cursivas añadidas).

El arzobispo Frank Houghton, mi predecesor como director general de *Overseas Missionary Fellowship*, demostró una actitud madura ante la muerte de su hermana menor, a la cual era muy apegado. Al escribirle a su amiga Amy Carmichael, fundadora de la *Dohnavur Fellowship* en la India, dijo:

> Muchos de nuestros amigos en sus cartas de condolencia hablan de las maneras misteriosas de Dios, y sé que hay un elemento de misterio. Pero me resisto ante la sugerencia de que nuestro Padre ha hecho algo que deba ser explicado. Lo que Él ha hecho es lo mejor, porque Él lo ha hecho, y oro porque como familia no busquemos explicaciones, sino que nos regocijemos en el Espíritu Santo y digamos: "Te agradezco, Padre... Aunque Padre..." Sugiere una falta de confianza en Él que encontremos necesario entender todo lo que Él hace. ¿No traerá más gozo decirle que no necesitamos explicación porque lo conocemos?

"En cuanto a Dios, su senda es perfecta", dijo el salmista. Si su manera es perfecta no necesitamos explicación alguna.

> Tal vez no veamos justo aquí y ahora
> Con clara visión el porqué y el cómo
> De todo lo que Dios parece permitir,
> Pero "después"...

DE LA PENA AL SERVICIO

Josephine Butler, una notoria trabajadora social británica, demostró de una manera dramática que una forma de aliviar la propia carga de la pena es cargar con la de otra persona.

Al regresar un día a su hogar, su hijita corrió desde una habitación del piso de arriba para saludarla. Se inclinó por la baranda para ver a su madre, pero perdió el equilibrio, se cayó al piso y murió. La madre estaba destrozada, pero el Dios de toda consolación no le falló en su desgracia.

Una dama cuáquera mayor vino a consolarla y le dijo: "He dedicado la mayor parte de mi vida a cuidar a niñas de las calles. Ahora soy vieja y ya no puedo manejar el trabajo de cuidar el hogar donde viven cuarenta de ellas. Ven y toma mi tarea, y olvidarás tu pena".

Josephine se hizo cargo del hogar y encontró gran satisfacción al hacerlo. Si bien, por supuesto, nunca realmente olvidó su dolor, llevando sobre sus hombros los problemas y las preocupaciones de los demás, descubrió una cura para su propia pérdida.

> Pocas veces un corazón puede estar solo
> Si busca a uno que está todavía más solo,
> Olvidándose de uno, ansiando solo
> Llenar tazas más vacías.
> —Eleanor Standinmeyer

Dios se ocupa de los viudos

Al amarnos, tú y yo asumimos el riesgo de la pérdida... Somos
tan felices ahora, pero debemos aceptar el hecho de que uno
de nosotros tendrá que vivir algún día sin el otro.
—Helen Raley, *On Being a Widow*
[Siendo viuda]

DESDE CUALQUIER PUNTO DE vista que se lo enfoque, la carga de una viuda, o de un viudo, no es para nada envidiable. La suya es fundamentalmente una angustia solitaria que en la mayoría de los casos no se supera con facilidad.

Todas las parejas casadas, si son realistas, deben tarde o temprano enfrentar el hecho de que en el transcurso del tiempo uno de ellos andará el camino restante de la vida solo. Las estadísticas nos dicen que es mucho más probable que sobreviva la esposa. Cada vez más, la expectativa de vida de las mujeres continúa superando la de los hombres. No es morboso enfrentar esta indisputable realidad. En cambio, es sabio hacerlo, puesto que muchos cónyuges tienen que enfrentar la temida crisis sin preparación.

En su libro *Alone* [Sola], Katie F. Wiebe cuenta acerca de una esposa recientemente viuda cuyo esposo había estado enfermo durante mucho tiempo. La mujer relató su reacción cuando finalmente él la abandonó:

> Si bien había vivido con la enfermedad de Walter durante varios años, endureciéndome a mí misma para la contingencia de su muerte, me encontré tan poco preparada como un pasajero en un barco que de repente es arrojado al agua. Ahora me doy cuenta de que este estado de perplejidad es bastante normal para quien pasa por el proceso de pena.

Tal vez cierta premeditación y planificación pudiera haber reducido en gran medida el trauma de la experiencia y sus inevitables efectos secundarios.

Pero independientemente de con cuánto cuidado nos hayamos condicionado para el posible fallecimiento de nuestro compañero, o de cuán realistamente nos hayamos podido preparar en nuestra mente para la transición real, inevitablemente llega el efecto y la triste realidad de la partida final. Sus efectos pueden ser abrumadores. Con bastante frecuencia, durante un tiempo destruye la propia voluntad de vivir a través de la desolación del estado de viudez.

Cuando estamos en las primeras etapas de la pena, algún amigo bien intencionado nos garantizará que el tiempo es un gran sanador. Pero en la congoja de la desesperación parece solo otro cliché vacío, totalmente alejado de la realidad. Puede ser cierto en el caso de otras personas, pero no en nuestro caso.

La oscura realidad que no puede evadirse es que el ser amado ya no está allí para amar y ser amado. Un compañerismo que ha crecido en amor y profundidad con el paso de los años no se reemplaza rápidamente, ni tampoco se llena velozmente el doloroso vacío.

Fue el argumento de Søren Kierkegaard que el sufrimiento es

inexpresable. También hay un sentido muy real en el que el sufrimiento y la soledad del viudo tampoco puede expresarse y debe ser soportado en soledad.

> Hay un misterio de los corazones humanos,
> Y aunque está envuelto por una hueste
> De los que nos quieren bien, y son amados,
> A cada uno de nosotros de vez en cuando
> Le llega un sentido de total soledad.
>
> Nuestro amigo más querido es un extraño para nuestro gozo,
> Y no puede darse cuenta de nuestra amargura.
> "No hay nadie que pueda realmente comprender,
> Nadie que pueda sentir lo que siento".
> Tal es el llanto de cada uno de nosotros alguna vez.
>
> Vagamos en un camino solitario,
> Sin importar cuál es nuestra suerte;
> Cada corazón, misterioso incluso para sí mismo,
> Debe vivir su vida interior en soledad.

Estas palabras conmovedoras describen la experiencia de la mayoría de nosotros. Pero para el cristiano, si bien el sentido de la pérdida no es menos real, hay un factor de compensación que no se menciona en el poema: La presencia consoladora del Dios de toda consolación.

> Bendito sea el Dios y Padre de nuestro Señor Jesucristo, Padre de misericordias y Dios de toda consolación, el cual nos consuela en todas nuestras tribulaciones, para que podamos también nosotros consolar a los que están en cualquier tribulación, por medio de la consolación con que nosotros somos consolados por Dios (2 Co. 1:3-4).

Hablando desde la experiencia, sé que en los primeros días de luto, las viudas y los viudos reciben mucha compasión y apoyo de parientes y amigos que genuinamente están preocupados por aliviar en alguna medida la pena de los que aman. Reciben muchas invitaciones a comer y a otras ocasiones sociales. Los amigos vienen de visita para platicar una y otra vez. Pero en medio de las presiones agitadas de nuestra época, las exigencias de la vida son tan grandes que casi inevitablemente la cantidad de visitantes se reduce y las invitaciones para salir son cada vez menos. No se trata de que nuestros amigos hayan dejado de preocuparse, pero hay un límite a lo que puede hacerse en un día.

LA VISIÓN BÍBLICA

En nuestra sociedad occidental hay una tendencia, no siempre conciente o intencional, de ignorar o incluso aislar a las viudas. Este no era el caso en los tiempos del Antiguo Testamento. Dios ordenó que se les prestara una atención especial, y Él expresó su preocupación de que fueran explotadas.

> A ninguna viuda ni huérfano afligiréis. Porque si tú llegas a afligirles, y ellos clamaren a mí, ciertamente oiré yo su clamor; y mi furor se encenderá (Éx. 22:22-24).

Al instruir a los israelitas respecto de su conducta al entrar a heredar Canaán, Dios, a través de Moisés, expresó otra vez su preocupación:

> No... tomarás en prenda la ropa de la viuda... Cuando siegues tu mies en tu campo, y olvides alguna gavilla en el campo, no volverás para recogerla; será para el extranjero, para el huérfano y para la viuda (Dt. 24:17, 19).

Una actitud caritativa similar debía ser observada cuando cosechaban uvas y aceitunas. La encantadora historia bíblica de Rut ilustra la manera en la que el israelita preocupado llevó a cabo esta instrucción.

El Nuevo Testamento no está menos preocupado por proteger a la viuda. Hechos 6:1-3 muestra cómo veían y manejaban los apóstoles esta situación en los primeros días de la iglesia. Los judíos helenistas tenían una queja respecto de los apóstoles en cuanto a que sus viudas eran ignoradas en la distribución diaria de alimentos. Los apóstoles demostraron de inmediato su preocupación porque las viudas recibieran un tratamiento equitativo. Siete hombres de capacidad e integridad fueron elegidos por la iglesia para supervisar este valioso servicio social.

Tanto Pablo como Santiago animaron a las iglesias a las que les escribieron que actuaran responsablemente hacia las viudas que se encontraban entre ellos (1 Ti. 5:3-16; Stg. 1:27).

El salmista tenía una concepción verdadera del Dios de la viuda cuando escribió: "Padre de huérfanos y defensor de viudas es Dios en su santa morada" (Sal. 68:5).

PROBLEMAS PRÁCTICOS

Cuando el esposo ha sido el hombre popular y el alma de la fiesta, la soledad puede volverse aún más aguda. Una amiga recientemente me contó acerca de su hija y su esposo que se mudaron a otra ciudad. Compraron una casa en un suburbio nuevo donde pocas de las casas estaban ocupadas. En consecuencia, tenían pocos vecinos, y no habían estado lo suficiente en la comunidad como para establecer relaciones cercanas.

Cuando, como resultado de un accidente, su esposo murió, la viuda fue dejada sola con dos niños pequeños. La mayoría de los conocidos que tenía se habían hecho amigos del esposo en lugar de ser compañeros que había hecho ella. De repente se encontró desconsolada; viviendo en una vecindad con poca población, en una ciudad extraña con pocos amigos. Sola con su pena y enfrentando un futuro desolado. En nuestras grandes ciudades situaciones trágicas similares pueden multiplicarse por cientos y cientos de veces.

A veces se supone o se sugiere que la suerte del viudo es menos desgraciada que la de la viuda. Esto es indudablemente cierto en muchos casos, pero en nuestra sociedad contemporánea, aunque la situación del viudo no es menos grave, atrae mucha menos preocupación.

En la angustia de su inesperado duelo, C. S. Lewis escribió estas palabras en *A Grief Observed* [Una pena observada]: "Ah, Dios, ¿por qué te tomaste tanto trabajo en quitar a esta criatura de su cascarón, si ahora está destinada a arrastrarse —a ser absorbida— dentro de él?"

Un viudo con frecuencia está menos preparado para manejar las circunstancias del cambio que su contraparte femenina. Esto es especialmente así si él no está familiarizado con las tareas del hogar. La situación se complica aún más y es más estresante cuando quedan niños a su cuidado. Se siente en una desesperada desventaja, y la vida puede volverse una experiencia asoladora cuando esta responsabilidad se agrega a la carga de su pena.

Tal vez, a partir de su propia experiencia, Alfred Lord Tennyson escribió:

> Lágrimas de un viudo cuando ve
> Una forma perdida que revela el sueño,
> Y mueve sus dudosos brazos y siente
> Que el lugar de ella está vacío; caída como estos.

Mi segunda esposa, que ahora está con el Señor, había sido viuda durante muchos años. Había sentido la soledad de la viudez muy de cerca. Si salía una noche para asistir a una reunión o a un evento social, sentía que era una experiencia atemorizadora y desoladora regresar a la casa vacía, la intensidad de la cual no se desvanecía con el paso de los años.

Lord Byron conocía algo de la misma emoción:

Es dulce oír ladrar al perro vigilante
Una bienvenida con la boca abierta al acercarnos a nuestro
    hogar;
Es dulce saber que hay un ojo que marcará
Nuestra llegada, y que brillará más cuando llegamos.

Al escribir sobre sus reacciones luego de la muerte de su esposo, Helen Raley hizo esta observación en su libro *On Being a Widow* [Siendo viuda]:

Debía aprender que si bien la viudez presenta a veces a una mujer como una no persona o una media persona, no debe sucumbir al abandono desesperanzado de la vida. Ni tampoco debe olvidar, por ningún motivo, la identidad que alguna vez compartió con su esposo. La conciencia de esto es un camino hacia el propio yo, una motivación disciplinada y una medida de contento... Para la sobreviviente, la vida debe continuar. La muerte de un ser querido no significa el fin de todas las cosas, y de algún modo, tarde o temprano, se debe enfrentar la realidad.

En su libro *Kathleen,* escrito poco después de su propio luto, Edward Blaiklock, mi amigo durante sesenta años, registró esta oración, que es especialmente adecuada para los viudos:

Padre, oramos porque toda la gente que está sola.
Especialmente por los que, llegando a una casa vacía, se paran

dudosos frente a la puerta, temerosos de entrar. Ojalá todos los que están de pie frente a una puerta con temor en sus corazones, como los dos en el camino a Emaús, le pidan al Viviente que entre. Entonces, por su gracia, ojalá que encuentren que en la soledad no están nunca solos, y que Él llena habitaciones vacías con su presencia.

9

La soledad del divorcio

Nadie sale completamente sin cicatrices. Cuando las personas que han crecido juntas se separan, nunca se trata de una desconexión simple y pura. Es como talar un árbol: Es un acto violento, y no se le puede hacer sin ocasionar algún daño.
—Tim Stafford, *Love, Sex, and the Whole Person*
[El amor, el sexo y la persona total]

SI BIEN EL DIVORCIO PUEDE proporcionar una solución para algunos problemas matrimoniales, por lo general crea más complejidades de las que resuelve. Muchas personas que lo han experimentado sostienen que el divorcio puede introducir uno de los períodos más desolados de la vida.

En medio del alboroto emocional que precipita el divorcio, las parejas prestan insuficiente atención a las consecuencias a largo plazo que se acumularán. Solo después de que se haya producido la ruptura final, se descubre que hay involucrados efectos colaterales totalmente inesperados. Las partes no enfrentaron las implicaciones en forma realista antes de tomar el paso irrevocable.

El creciente índice de divorcios en todo el mundo, una señal infeliz de nuestros tiempos, está creando una cada vez mayor comunidad de solos. Especialmente en los ricos países desarrollados, con sus normas morales que caen verticalmente, el divorcio ha crecido a un ritmo tal que amenaza seriamente la propia institución del matrimonio.

En mi juventud no conocí a ningún cristiano divorciado. Hoy el caso es totalmente diferente. En Gran Bretaña, según las tendencias actuales, uno de tres matrimonios termina en divorcio. En los Estados Unidos hay un divorcio por cada 1.8 matrimonios. (Felizmente, las últimas cifras indican una leve disminución en la tasa de divorcios.) Desde 1960 hasta 1980 la cantidad de hombres y mujeres divorciados se triplicó. Esto significa que el divorcio ha alcanzado ahora proporciones epidémicas y una consecuencia seria es, de acuerdo con la experiencia del pasado, que lo que sucede en Estados Unidos hoy día sucederá en otros países mañana. En Gran Bretaña, los expertos estiman que un hijo de cinco experimentará el divorcio de sus padres antes de llegar a los dieciséis años de edad.

Una encuesta reveló que solo un tercio de los hogares estadounidenses están compuestos por ambos padres y sus hijos. Las familias de un solo progenitor están aumentando veinte veces más rápido en comparación a las familias con ambos padres. Los agentes inmobiliarios informan que una gran cantidad del movimiento en el mercado de las propiedades es una consecuencia de este aumento fenomenal en los hogares rotos.

EL EMPEÑO DE LOS NIÑOS

Uno casi no puede soportar pensar acerca del monto de la carga emocional y la inseguridad que este desarrollo trágico exige de los niños implicados en estas separaciones y divorcios. Toda persona sola, infeliz crea y difunde inevitablemente una atmósfera de tensión emocional y desgracia silenciosa que pronto les llega a los demás.

No caben dudas de que los niños inocentes que son las víctimas de estos matrimonios desechos sufren más severamente que sus padres porque sienten la consiguiente falta de amor y seguridad con mayor intensidad que los adultos maduros. Se confunden porque con frecuencia no saben a quién recurrir para obtener ayuda y apoyo emocional.

La inseguridad resultante de este grupo se derrama sobre sus propias relaciones matrimoniales. No debe sorprender que muchos sientan que puesto que el matrimonio de sus padres terminó en divorcio, ellos no pueden sentirse seguros en su propia unión. Así, el divorcio se torna en una agonía perpetua. Gran parte de los matrimonios subsiguientes que terminan dentro de este grupo pueden rastrearse hasta el trauma ocasionado por el divorcio de sus propios padres.

Pocos niños surgen de estas situaciones familiares sin profundas cicatrices emocionales. Un informe en el *Journal of the Royal College of General Practitioners* mostró que los niños preescolares estaban confundidos y asustados y se culpaban a sí mismos por la ruptura. Expresaban temores al ser enviados a sus casas.

El divorcio de los padres ocasionó más problemas cuando se produjo antes de que los niños tuvieran cinco años de edad que cuando sucedió después. Los niños en edad escolar expresaron sentimientos de tristeza y rechazo, pero no se culpaban a sí mismos. Los niños de más de nueve años con mayor frecuencia expresaban enojo e ira por la conducta de sus padres. Se sentían solos y rechazados. Los adolescentes también expresaban estos sentimientos y sentían vergüenza. Hacia la adultez joven había una incidencia mayor de nacimientos ilegítimos, divorcio, úlceras estomacales y problemas emocionales entre los hijos de padres divorciados.

En muchos casos, fueron los hijos y su futura custodia luego del divorcio lo que estaba en el centro de la pelea, y eso suele generar en los hijos un sentido de culpa inmerecido. Sienten que en cierta forma son culpables de la ruptura.

Un psicólogo sostiene que el trauma del divorcio le sigue a la muerte de un ser querido y esto se aplica especialmente con los niños. Cuando se destruye la estructura familiar, el niño se siente perplejo, solo y asustado.

Los niños afectados deben enfrentar muchas situaciones perplejas a una edad en la que todavía no están preparados para manejarlas. Surge la pregunta de la lealtad. ¿Con el padre o con la madre? Son jalados en ambas direcciones. Enfrentan la pérdida de uno de sus padres y como sucede con frecuencia, también es posible que sean separados de los amigos de la escuela o de la iglesia al mudarse a otra zona. Esto puede causar heridas muy profundas que se trasladan a las relaciones futuras.

Cuando los padres están contemplando la posibilidad del divorcio, en su preocupación por los problemas de sus propias relaciones, no siempre enfrentan con compasión las consecuencias respecto de los hijos del matrimonio.

Incorporar a un nuevo padre o madre a la estructura familiar no es nunca una transición fácil y con frecuencia produce reacciones adversas en los niños.

EL DIVORCIO CONDUCE A UNA SOLEDAD CRÓNICA

Tanto las investigaciones como la experiencia se combinan para predecir que es más probable que el divorcio conduzca a una soledad crónica que incluso la pérdida de un ser querido, y esto se debe a varias razones:

- Ambos padres implicados por lo general emergen de la crisis con sentimientos de culpa, fracaso y depresión, los cuales alimentan la soledad.

- El padre o madre a quien se le otorga la custodia de los niños en un deseo comprensible por asegurar o retener su afecto, se sentirá sumamente tentado a denigrar a la otra parte frente a los niños.
- El divorcio puede derivar en el rechazo total de un cónyuge por parte de los niños, o en la infeliz situación en que diferentes niños prefieren a uno u a otro de los padres, ellos también pueden estar divididos entre sí.
- Si el padre divorciado invita a amigos a su casa, es probable que los niños sientan que son un estorbo y que no son queridos.
- El divorcio generalmente surge de y genera un conflicto no resuelto, lo que deja cicatrices en todos los miembros de la unidad familiar. Estas pueden llevar mucho tiempo para sanar.

Los factores que producen la soledad como resultado de un divorcio son muchos. Si bien puede que la sociedad conyugal haya sido menos que ideal, por lo menos proporcionó una imagen de compañerismo para ambas partes. Por lo menos el hogar no estuvo vacío. Había alguien allí con quien compartir, aunque pudiera ser superficialmente, los deleites y las pruebas de la vida cotidiana; alguien con quien consultar cuando deben tomarse decisiones; alguien con quién conversar durante las comidas.

La ausencia de estos contactos crea una situación aún más insatisfactoria. Pero con demasiada frecuencia este descubrimiento se hace solo después de haber dado el paso fatal. Entonces, también, la firma del decreto no siempre elimina el deseo de la intimidad física. Una adaptación cómoda al estilo de vida cambiado no se logra de inmediato. Volver al hogar, a una casa fría y vacía, no es una experiencia para envidiar.

EFECTOS SECUNDARIOS NO DESEADOS

Uno de los resultados inesperados y no bienvenidos del divorcio es que con frecuencia los amigos comienzan a desaparecer, especialmente si son amigos de la otra parte. Sienten que tienen que tomar partido. Las invitaciones a eventos sociales llegan con menos frecuencia porque en nuestra sociedad orientada a las parejas, un divorciado a veces es considerado una amenaza sexual.

Puede surgir una posibilidad aún más dolorosa: El alejamiento de los miembros de la propia familia de uno, con una consiguiente pérdida de amor y apoyo en el momento en que más se los necesita.

El factor trágico es que una relación que se inició con expectativas tan elevadas, y en una atmósfera de amor, ha muerto. Y ahora está el proceso legal con todo lo que involucra: La división de los bienes y otras decisiones necesarias pero dolorosas. Se la ha asemejado a una amputación. El dolor no se va cuando se ha terminado el proceso legal.

Un sentimiento de fracaso por no haber podido hacer que funcionara el matrimonio o en no cumplir satisfactoriamente el papel de un padre o de una madre, no hace algo para sanar el dolor o para calmar la soledad.

Para los divorciados cristianos, uno de los aspectos más dolorosos del divorcio surge cuando descubren que a veces hasta compañeros de la iglesia, amigos de años, son fríos y se avergüenzan cuando están en su compañía. El divorcio siempre abre la puerta a un posible mal entendido, e incluso a actitudes de falta de amor.

Debe recalcarse, y con fuerza, que un elemento esencial para el alivio de la soledad del divorcio es que las partes separadas se perdonen genuinamente de corazón, sin importar cuánta culpa hayan tenido. Un espíritu que no perdona actúa como un cáncer en el alma.

Nuestro Señor no dejó duda acerca de la necesidad de perdonar a los que creemos que han pecado contra nosotros:

> Y cuando estéis orando, *perdonad*, si tenéis algo contra alguno, para que también vuestro Padre que está en los cielos os perdone a vosotros vuestras ofensas (Mr. 11:25, cursivas añadidas).
>
> Y perdónanos nuestras deudas, *como también nosotros perdonamos* a nuestros deudores (Mt. 6:12, cursivas añadidas).

10

El desempleado solo

Como un desempleado, pudiera sugerir que lo que buscamos en nuestra crisis es un espíritu de discernimiento de parte de los se nos acercan. No queremos compasión. El desempleo es algo muy personal y privado. No intente comprenderlo o juzgarlo... Después de todo, el desempleo es un período traumático y desestabilizador para los que son sus víctimas.
—Michael Holmes

LA HUELLA CONTINUA E IMPLACABLE de la electrónica, la automatización, la tecnología nuclear y las computadoras, está dejando que se levante una cantidad cada vez mayor de desempleados. Toda una generación de hombres y mujeres jóvenes, con toda su potencial sin concretar, enfrenta la triste perspectiva de pasar por la vida sin obtener jamás un empleo.

Una generación anterior, que todavía está dispuesta y es capaz de realizar un trabajo valioso, se encuentra pasiva, redundante. Y la tragedia de su situación es que el pronóstico de que alguna vez obtengan un empleo es de hecho sombrío. Los efectos físicos y psicológicos de esta situación son tema de gran preocupación.

La soledad del desempleado es una de las enfermedades desastrosas de nuestra época para la que todavía no se ha encontrado cura por parte de los políticos o de los magnates de los negocios.

Hasta que el desempleo no entra en el escenario de nuestro propio círculo o experiencia personal, nos inclinamos a considerarlo algo lamentable pero inevitable: Un agregado desagradable de la marcha del progreso. Pero cuando invade nuestro propio círculo y golpea a nuestros seres queridos, la realidad puede ser devastadora.

Michael Holmes, un periodista de Nueva Zelanda y consultor público, dio una entrevista, que se publicó en un periódico local, en la que abrió francamente su corazón y habló por muchas personas que sufrían como él. Era su deseo ayudar a los que estaban en una situación similar. Lo cito totalmente, para que los lectores puedan obtener una visión más realista y compasiva de lo que tienen que luchar las víctimas de esta enfermedad mundial, y la soledad corrosiva que deriva de ella.

Él habla libremente de la manera en la que lo afectó el desempleo a él y a su familia. Su caso sería bastante característico de un gran segmento de personas desempleadas, excepto porque él tenía el recurso interno que viene de ser un cristiano practicante. Esto demostró ser un factor determinante en su capacidad de sobrevivir los tiempos de prueba.

Había logrado una posición bastante cómoda en la vida, y la posibilidad de ser un desempleado nunca le había cruzado por la mente. Por lo tanto, fue algo semejante a un terremoto cuando quedó desempleado por primera vez. El trauma continuó por un total de catorce meses, mientras atravesó tres períodos prolongados de desempleo. Él cuenta su historia:

> Siempre he sido una persona confiada, segura en mí mismo, pero de repente todo se derrumbó. La realidad y el horror del

desempleo me tomaron por completo. Parecía que había perdido el autobús y que era ahora una víctima de la montaña de desechos de trabajo de la sociedad. Me sentía devastado y pensaba que el mundo me había dejado atrás.

Es cierto, tuve algunos errores de criterio, pero nunca pensé que caería a un nivel tan bajo de desesperación. Mi autoestima se desplomó y me sentía sin valoración propia respecto de mí, mi familia, la iglesia e incluso Dios mismo.

La impresión del rechazo solo se consolidó mientras que mi posición resultó clara y la desesperanza se apoderó de mí. No quería enfrentar a la gente y me encontré aislándome. Comencé a perder la confianza en mí mismo, y mientras la oportunidad de trabajar disminuía con cada solicitud de empleo, me encontré entrando en pánico en cuanto a sí alguna vez tendría un trabajo significativo.

Aún había que pagar las cuentas, alimentar las bocas de los adolescentes y a la familia todavía había que motivarla. El aburrimiento es un asesino emocional y espiritual, y el tiempo caía pesadamente en mis manos mientras esperaba con ansiedad alguna respuesta a tantas solicitudes.

El estigma de estar desempleado es muy verdadero. Tanto para el empleado como para el desempleado, el desempleo es una vergüenza social. Las personas con frecuencia se desconciertan en cuanto a cómo reaccionar y con frecuencia se repliegan. Los organismos gubernamentales suelen tratarlo a uno menos que una persona real, e incluso los potenciales empleadores lo miran con ojos displicentes.

Inicialmente el efecto de lo que había ocurrido no fue del todo malo. Había un aire de optimismo respecto de que todo saldría bien en una semana o dos. Sin embargo, mientras las semanas se convertían en meses, las nubes comenzaron a ponerse más oscuras.

Cuando la situación pasó de ser mala a peor (presenté más de cien solicitudes de trabajo a principios de este año antes de obtener el cargo temporal que ocupo actualmente), comencé a darme cuenta de que como cristiano, ya no podía buscar en el hombre mis soluciones, sino que solo Dios era mi final ancla profunda, emocional y espiritual.

Los consoladores de Job eran despreciables. Levantaron barreras. Personas bien intencionadas, ignorantes de lo que es estar desempleado y sin demasiados pensamientos más elevados, decían cosas que nos hacían sentir dolidos y desconfiados. Que la gente dijera: "Creemos que tendrías que probar con tal y tal cosa" o: "Creemos que no están haciendo lo suficiente para encontrar un trabajo", era frustrante.

En un sentido, uno tenía el atisbo de que eran "guardianes" designados por sí mismos del sistema de seguridad social, quienes observaban cómo utilizábamos el dinero y cómo vivíamos. Con frecuencia tuve la impresión de que yo y mi familia éramos objeto de curiosidad.

Solicitar un empleo cuando uno tiene más de cuarenta años es casi una tarea imposible. Intenté en todo tipo de trabajos, desde comisionario del correo hasta conductor, y en cargos más exóticos. Una de las mayores frustraciones fue solicitar un empleo que requería una persona madura y experimentada, ¡solo para descubrir que querían a alguien que no sobrepasara los veinticinco años!

El desempleo es un tiempo de decadencia; emocional, física y espiritual. Pero a través de esto descubrimos que nuestra iglesia local nos brindaba más apoyo, nos alentaba y era práctica. Bueno, usted puede preguntarse: "¿Dónde está Dios en todo esto?" Como el salmista, con frecuencia me pregunté a mí mismo por qué era un paria, y siempre obtenía su respuesta: "Ten esperanza en Dios". Mi fe, mi pasado, las experiencias de la vida, la capacitación bíblica y mi ministerio de la iglesia permitieron que el Espíritu Santo trajera muchas cosas a mi memoria.

La paciencia es otro ingrediente. Si bien estaba desesperado, me alegro de que Dios evitara que tomara determinados empleos, demostrando la verdad de Gálatas 4:4: "Pero cuando vino el cumplimiento del tiempo, Dios..." También he aprendido que cuando uno está en una posición cómoda y con dinero, es muy fácil hablar acerca de confiar en Dios.

Cuando uno se encuentra derribado en las profundidades de la desesperación, cuando se pone a prueba la fe, poder decir: "Sé en quién he confiado y estoy persuadido de que él puede cumplir lo que yo me he comprometido a hacer", es una verdad mucho más duradera y real.

Este es Dios. Él es real cuando uno está deprimido. He estado allí y sé que Dios puede hacer abundantemente mucho más de lo que yo o mi familia podamos siquiera pedir o pensar.

Como un desempleado, pudiera sugerir que lo que buscamos en nuestra crisis es un espíritu de discernimiento de parte de los se nos acercan. No queremos compasión. El desempleo es algo muy personal y privado. No intente comprenderlo o juzgarlo... Después de todo, el desempleo es un período traumático y desestabilizador para los que son sus víctimas.

Este relato sumamente sincero de la experiencia agonizante que muchos de nuestros contemporáneos está atravesando, si bien no pasa por alto la desolación de la experiencia, muestra cómo el cristiano, mediante la fe en Dios y el apoyo de otros cristianos, puede triunfar en medio de la tragedia.

La soledad del liderazgo

Sin alegría de hermano o de hija,
Sí, sin la permanencia de un padre o de un hijo,
Solo en la tierra, y sin hogar en el agua,
Transcurre mi paciencia hasta haber completado mi tarea.
—F. W. H. Myers, "St. Paul"

EN SU POEMA SIN PARANGÓN, *St. Paul* [San Pablo], F. W. H. Myers pone estas luminosas palabras en boca del apóstol. Por cierto, hablan elocuentemente respecto de su propia situación mientras recorría la tierra y el mar con las Buenas Nuevas. Fue A. W. Tozer el que dijo que la mayoría de las grandes almas del mundo han estado solas. Eso parece ser parte del precio que deben pagar los santos por su santidad. Y también se aplicaría a que por lo general es parte del precio del liderazgo responsable.

Cuando Pablo fue confinado a una prisión romana a la espera de su inmediato martirio, fue un toque muy humano que le rogara a su hijo en la fe, Timoteo, que lo acompañara antes del invierno porque estaba muy solo (2 Ti. 4:9-21). El hecho de ser un santo y un líder no lo exaltó por sobre la necesidad de una compañía humana agradable.

A nadie que ha cargado en sus hombros el peso del liderazgo responsable le será difícil identificarse con Moisés cuando se quejó a Dios: "No puedo yo solo soportar a todo este pueblo, que me es pesado en demasía" (Nm. 11:14).

En cada posición de liderazgo surgirán crisis tarde o temprano, cuando el peso de la responsabilidad parece estar mucho más allá de la capacidad de uno de soportarlo. Pablo se encontró en esa situación cuando ministraba en la provincia de Asia.

Pues fuimos abrumados sobremanera más allá de nuestras fuerzas, de tal modo que aun perdimos la esperanza de conservar la vida. Pero tuvimos en nosotros mismos sentencia de muerte, para que no confiásemos en nosotros mismos, sino en Dios que resucita a los muertos (2 Co. 1:8-9, cursivas añadidas).

El Dios en quien confiaba lo llevó adelante.

Por su propia naturaleza, el papel de líder debe ser bastante solitario, ya que siempre deben estar delante de sus seguidores en algunas áreas. Aunque sean los más amistosos y gregarios, inevitablemente habrá algunos senderos que deben estar preparados para recorrerlos solos. Era un argumento de Nietzsche que la vida siempre se pone más difícil cerca de la cima, el frío aumenta y el camino se torna más difícil. Los escaladores de montañas afirman la verdad de que "cuanto más alto vas, más solo te sientes".

Este hecho le aconteció dramáticamente a Dixon E. Hoste, uno de los famosos misioneros "Siete de Cambridge", cuando Hudson Taylor, fundador de la *China Inland Mission*, traspasó el liderazgo a sus manos. La *China Inland Mission* fue la primera de las así llamadas "Misiones de fe", y en ese momento era la más grande.

Luego de la entrevista trascendental durante la cual el frágil líder traspasó la antorcha a su sucesor, Hoste, profundamente conmovido y conciente del peso de la responsabilidad que ahora descansaba en sus hombros, se dijo a sí mismo: "Y ahora no tengo a nadie, salvo a Dios". Solo, pero no del todo solo.

EL PRECIO DEL LIDERAZGO

La naturaleza humana ansía compañía y es un deseo natural para un líder desear compartir con otros el peso de las preocupaciones, especialmente cuando se deben tomar decisiones de gran alcance. Quebranta el corazón a veces que un líder tenga que tomar decisiones adversas que afectan el futuro de colegas queridos, y tomarlas él solo. Este es uno de los aspectos más costosos del liderazgo, pero a veces se debe pagar ese precio si el liderazgo debe ser productivo.

Moisés pagó un elevado precio por su liderazgo: Solo en la montaña, y luego solo en la llanura. Cuando su suegro, Jetro, vino a visitar a su hija y a sus nietos, se impresionó por el costo emocional y espiritual que ocasionaba el liderazgo a Moisés. Le dio un consejo muy sólido, que Moisés fue lo bastante sabio de aceptar: Un consejo que encaja igualmente para los líderes y ejecutivos cristianos abrumados por el peso de su liderazgo que se encuentran en situaciones estresantes.

> Entonces el suegro de Moisés le dijo: No está bien lo que haces. Desfallecerás del todo, tú, y también este pueblo que está contigo; porque el trabajo es demasiado pesado para ti; no podrás hacerlo tú solo... Además escoge de entre todo el pueblo varones de virtud... y ponlos sobre el pueblo por jefes... Ellos juzgarán al pueblo en todo tiempo; y todo asunto grave lo traerán a ti (Éx. 18:17-18, 21-22).

Moisés encontró la respuesta al aislamiento y la soledad de su liderazgo en la delegación sabia y el hecho de compartir la responsabilidad. Su soledad era más de lo que situación exigía y solo servía para hacerlo sentir inadecuado para su tarea. Los que están en cargos de liderazgo con frecuencia son lentos para dominar esta importante lección y pagan el precio con una salud dañada.

LA SOLEDAD DEL JUICIO ERRADO

Moisés vivió otro doloroso tipo de soledad: La aplastante carga de la crítica envidiosa y los malos entendidos injustificados.

> María y Aarón hablaron contra Moisés a causa de la mujer cusita que había tomado; porque él había tomado mujer cusita. Y dijeron: ¿Solamente por Moisés ha hablado Jehová? ¿No ha hablado también por nosotros? (Nm. 12:1-2).

Si bien fue totalmente desinteresado y altruista en su servicio a la nación, se impugnó su motivación. El hecho de que parte de las críticas provinieran de su hermana y su hermano le dolió más.

Tom Bracken reveló un agudo discernimiento de la naturaleza de este tipo de prueba cuando escribió:

> ¡No comprendidos! Nos movemos en partes;
> Nuestros caminos se amplían al tiempo que las estaciones avanzan lentamente
> A lo largo de los años; nos maravillamos y nos preguntamos
> Por qué la vida es la vida, y luego nos quedamos dormidos,
> No comprendidos.
>
> ¡No comprendidos! Cuántos pechos están adoloridos
> Por falta de compasión. Ah, día tras día

Cuántos corazones infelices, solos se quiebran,
Cuántos espíritus nobles fallecen
No comprendidos

¡Ah Dios! ¡Esos hombres verían un poco más claro,
O juzgarían con menos dureza cuando no pudieran ver!
¡Ah Dios! Esos hombres se acercarían un poco más
Unos a otros, estarían más cerca de ti,
¡Y serían comprendidos!

EL PROFETA SOLITARIO

Los profetas de Israel eran hombres solitarios. En el principio de la historia, el profeta Enoc anduvo solo en una sociedad decadente porque su coherente camino con Dios necesariamente lo condujo en la dirección opuesta a la recorrida por sus contemporáneos no santos (Jud. 14-15).

¿Quién experimentó los dolores de la soledad más profundamente que el profeta Jonás mientras recorría las calles solitarias de la pagana Nínive? Fue a una ciudad de un millón de habitantes que anunció el mensaje no bienvenido de juicio inmediato: "De aquí a cuarenta días Nínive será destruida" (3:4).

Juan el Bautista, el último y probablemente el más solitario de la larga línea de profetas, vivió una gran parte de su vida en la soledad del desierto. Su estilo de vida austero y su mensaje sin concesiones lo condenaron a una vida solitaria. Y sin embargo fue él quien recibió del Maestro un elogio que no se lo hizo a algún otro: "De cierto os digo: Entre los que nacen de mujer no se ha levantado otro mayor que Juan el Bautista" (Mt. 11:11).

Juan no permitió que su soledad le impidiera ejercer un ministerio poderoso. ¿Esto le dice algo?

Hoy día el predicador más solo probablemente sea a quien Dios le ha confiado un mensaje profético que afecta con firmeza el carácter prevaleciente de la época. El predicador que está adelantado a su tiempo está destinado a arar un surco solitario.

El gregario Pablo con frecuencia experimentó los dolores de la soledad y la amargura de ser juzgado erróneamente, mal comprendido por sus contemporáneos. Más amargo aún, fue mal interpretado incluso por algunos de sus propios hijos en la fe. Pocas cosas son más dolorosas que el abandono o la deserción de amigos o conversos. Qué expresión patética de Pablo envuelven estas palabras: "Ya sabes esto, que me abandonaron todos los que están en Asia" (2 Ti. 1:15). Lamentablemente, hoy día suceden con demasiada frecuencia situaciones similares.

En su libro *The Team Concept* (El concepto de equipo), Bruce Stabbert evalúa la ventaja de un ministerio de equipo por sobre el ministerio de un solo hombre con su soledad incorporada. Escribe:

> Hay un aislamiento y una soledad en el ministerio de un solo pastor que es enormemente innecesaria. Con un equipo se comparten las cargas en cortesía fraternal. Muchos pastores dicen que el ministerio es algo solitario, pero inevitablemente es así. Con frecuencia, un pastor solo no tiene a alguien a quien confiarle sus frustraciones, sus luchas y desilusiones, con la excepción de su esposa. Tal vez no cuente con alguien que esté a su lado cuando es demasiado juzgado por críticos que se designan a sí mismos.

Las palabras del hombre sabio son singularmente adecuadas en una situación como esta:

> Mejores son dos que uno; porque tienen mejor paga de su trabajo. Porque si cayeren, el uno levantará a su compañero; pero ¡ay del solo! que cuando cayere, no habrá segundo que lo levante. También si dos durmieren juntos, se calentarán mutuamente; mas ¿cómo se calentará uno solo? (Ec. 4:9-11).

Tres elementos que contribuyen

A ti, oh Jehová, levantaré mi alma. Dios mío, en ti confío...
Mírame, y ten misericordia de mí, porque estoy solo y
afligido... Porque en ti he esperado.

—Salmo 25:1, 16, 21

LA SOLEDAD DE TEMPERAMENTO

Sin duda, el temperamento con el que uno es dotado juega un papel significativo al determinar el grado de la susceptibilidad de los caminos internos de la soledad. Los que son bendecidos con un temperamento sanguíneo, con su ventana de la vida optimista en general, deben ser menos responsables de caer presa de la misma que los que tienen un temperamento que se inclina hacia la melancolía.

En la persona melancólica, el sentimiento es un factor mucho más potente que en la sanguínea. La primera suele ser más introspectiva y aislada. Dedica mucho tiempo a fotografiar sus estados emocionales y a revelar los rollos.

Esta valoración propia crónica introspectiva y con frecuencia negativa, la hace absorta en sí misma y por ende, un buen blanco para la soledad. Sin embargo, esa condición no está confinada al melancólico, porque puede vivirse en diferentes grados por parte de todo tipo principal de personalidad, dadas las circunstancias conducentes.

Por supuesto ninguno de nosotros es responsable del temperamento que ha heredado, ya sea sanguíneo, melancólico o alguna otra combinación de tipos. Pero somos responsables de la forma en que reaccionamos y lo controlamos. No somos atrapados desvalidos en la necesidad y no es necesario que permanezcamos como sus esclavos. Pero a no ser que estemos alerta y observantes de su tendencia, fácilmente podríamos convertirnos en el juguete de nuestro temperamento. Por otro lado, debemos cuidarnos del peligro de considerar un fracaso espiritual lo que solo puede ser una reacción temperamental involuntaria en la que no hay culpa involucrada.

Al tratar este aspecto del problema, Arthur Pierson, en su obra *Godly Self-Control* [Control propio piadoso], sugirió que debemos ser cuidadosos de:

> ... distinguir entre lo que es temperamental y lo que es propiamente espiritual en nuestra experiencia humana. Al tratar con la gente, el consejero sagaz siempre trazará una línea clara de discriminación entre lo que es impulsivo e involuntario y lo que es deliberado y voluntario. Solo esto último pertenece con propiedad a la vida espiritual más profunda.
>
> Hay rasgos heredados de ancestros inmediatos o remotos que no son asunto de elección personal más que el color de nuestro cabello o de nuestros ojos, y por lo tanto son carentes de calidad moral adecuada.

No somos responsables de las ondulaciones caprichosas e involuntarias de nuestras emociones. Solo de las elecciones resueltas de nuestra voluntad. Somos lo que escogemos, no lo que sentimos. Si entendemos esta diferenciación, nos pudiera aliviar de la pena de mucha culpa falsa.

Al referirse a la tendencia incorporada del melancólico a ser complaciente con la introspección morbosa, el profesor O. Hallesby de Noruega dijo en su libro *Temperament in the Christian Life* [El temperamento en la vida cristiana]:

> Sin embargo, su introspección puede conducirlo a cavilaciones religiosas. Tiene una tendencia a dedicarse a los pasajes más difíciles de las Escrituras. Estas pueden alejarlo de las declaraciones sencillas de la Biblia sobre el pecado y la gracia, y por ende debilitar su vida espiritual.

Esto se agrega al hecho de que la persona de una mente predominantemente melancólica es más susceptible a la experiencia de la soledad que cualquiera de los demás temperamentos. Pero si bien puede dar la impresión de estar distante y retirado, detrás del a veces prohibido exterior palpita un afectuoso corazón. La probabilidad es que tenga un ansia secreta por una compañía cercana, pero que no sepa cómo hacer para lograrla.

En el otro extremo están los que en sus desesperados intentos por aliviar su soledad, pueden realizar exigencias excesivas sobre el momento y los afectos de los demás de manera tal que en realidad vencen su propio deseo. Ser demasiado posesivo, celoso o exclusivo en una amistad es algo que debe evitarse diligentemente si se desea tener una relación fácil y mutuamente disfrutable.

La soledad engendra un marco mental negativo en el que es más fácil ver el lado oscuro de la vida que el brillante. El optimista ve el medio vaso lleno. El pesimista ve el medio vaso vacío. La misma actitud persiste en el enfoque de la persona deprimida y sola respecto de las Escrituras. Le resulta mucho más fácil identificarse con los pasajes condenatorios que con los que respiran seguridad y confianza. Pero si abordamos las Escrituras con esa mentalidad, probablemente encontremos lo que esperamos.

A una mujer joven que tenía dudas sobre la realidad de la resurrección corporal de Cristo le pidieron que condujera un grupo de estudios en un campamento en la Semana de Resurrección, y naturalmente se encontró en un dilema. ¿Cómo podía enseñar algo sobre lo que ella misma tenía dudas? Consultó a la señorita Ruth Paxson, una reconocida maestra de Biblia, y le pidió que leyera junto a ella el pasaje de la resurrección en Mateo 28. Llegaron al versículo 17: "Y cuando le vieron, le adoraron; *pero algunos dudaban*" (cursivas añadidas). "¿Cómo podían evitar dudar?", dijo la muchacha. "¿No es extraño?", respondió la señorita Paxson, "Cuando leí ese versículo, pensé: ¿Cómo podían evitar adorarlo?"

LA SOLEDAD DEL RECHAZO

Un factor común que contribuye a la soledad es la experiencia del rechazo, o el temor a ser rechazado. Es una condición que enfrentamos la mayoría de nosotros en algunas áreas de la vida.

Una vez que los intentos amistosos de una persona se han encontrado con frialdad o desaires, y especialmente si él o ella es tímido y sensible, resulta cada vez más difícil juntar el valor para arriesgarse a otro rechazo. En cambio, la tendencia será a replegarse más en sí mismo en un esfuerzo por no ser herido de nuevo.

Los miembros de otros grupos étnicos que emigran a nuestras tierras occidentales con mucha frecuencia se encuentran con una recepción fría. En lugar de recibir una afectuosa bienvenida a su patria adoptiva, son ignorados o rechazados. En muchos casos se escaparon de su propio país en disturbios con grandes esperanzas de que les esperara una vida nueva y mejor, pero esas esperanzas solo se concretaron parcialmente y se han encontrado no aceptados del todo, solos en una tierra extraña. Los trabajadores inmigrantes que durante períodos abandonan sus patrias empobrecidas para ganarse una vida precaria con el fin de ayudar a mantener a sus parientes que han dejado atrás se encuentran con un recibimiento muy frío. Por supuesto que hay gloriosas excepciones, pero la actitud descrita es demasiado común.

La indiferencia o a veces la explotación que experimentan estos recién llegados en el país anfitrión genera una desconfianza básica de los que los emplean o con los que trabajan. Habiendo sido desairados o ignorados con tanta frecuencia, se vuelven dudosos de hacer más avances y en cambio, se aíslan a sus guetos solitarios.

Una actitud algo semejante se desarrolla en algunas personas mayores que sienten (de ningún modo siempre con una causa justa) que ya no son necesitados o queridos por alguien. "¿De qué le sirvo a alguien?", se quejan. "Solo estoy ocupando un espacio en la tierra", es el clamor agonizante de algunas almas ignoradas y rechazadas.

Si se topan con más rechazos, su reacción comprensible será dudar de su valoración propia aún más. Sintiéndose que son solo tolerados, no bienvenidos, se encogen en su propio mundo triste y pequeño.

Paradójicamente, es entre la generación más joven que prevalece más la soledad y su dolor es más agudo. El temor a la falta de aceptación entre los de su grupo, o incluso al rechazo directo, en muchos casos se vuelve casi patológico. Aunque esté enmascarado por una conducta exuberante o excesiva, la soledad generada es intensa y nosotros, las personas mayores, deberíamos ser sensibles a esta posibilidad y ser razonablemente tolerantes en nuestra actitud hacia ellos.

En *Understanding Loneliness* [Cómo comprender la soledad], de Edgar Jackson, el autor narra como Margaret Mead, la notable antropóloga, fue a la *De Pauw University* llena de esperanza y entusiasmo. Quería ingresar a una vida universitaria a plenitud y en su mente esto incluía la vida social en una fraternidad. Pero su solicitud para ser miembro no fue aceptada. Las heridas de ese rechazo le llegaron a lo más profundo de su ser. Sobrevivió a la pérdida, pero su efecto fue tan grande que más tarde la hizo ser muy sensible a las necesidades de las personas excluidas. No cabe duda de que la experiencia traumática contribuyó en gran medida a su comprensión de otras personas.

Sin embargo, no todo joven universitario es lo bastante flexible como para emerger sin cicatrices de una experiencia tan dolorosa como la que sufrió Margaret Mead. En algunos, el rechazo ocasiona un grande y permanente daño psicológico que los invalida de por vida. Esto, a si vez, los hace rechazar los acercamientos amistosos de los demás.

La experiencia afirma que es la persona que toma por las riendas el rechazo o el desaire, se levanta e intenta de nuevo, la que superará el problema fundamental. El que no logre hacer esto y sucumba de forma pasiva, probablemente caiga en un aislamiento aún más profundo.

LA SOLEDAD DEL FRACASO

"El fracaso es una de las cosas más feas de la vida", escribió Howard Hendricks. ¿Y quién de nosotros puede sostener que no hemos experimentado el fracaso? Ya sea cristiano o no, todos hemos fracasado en algunas áreas de nuestra vida. Solo ha habido uno que nunca fracasó.

En algunos casos, el fracaso ha involucrado un pecado

importante y deshonroso. En otros, pueden haber sido pecados más respetables y socialmente aceptables; tales como el orgullo, la envidia, el chismorreo y la codicia. Pero ninguno puede expresar que ha sido libre del fracaso, salvo los que sostienen puntos de vista muy superficiales en cuanto a la pecaminosidad del pecado.

Un número creciente (que incluye líderes y obreros cristianos entre ellos) está enfrentando el fracaso, la ruptura de la relación matrimonial o en el área de ser padre. Tal fracaso estuvo presente en el pasado, pero hoy día es mucho más difícil de ocultar. Ha crecido hasta convertirse en alarmantemente común y está abierto a la visión pública. En el momento en que se escribe este libro los fracasos de importantes cristianos y de personalidades políticas se muestran por los medios de comunicación de todo el mundo, pero la evidencia del arrepentimiento por parte de algunos parecería ser un elemento faltante.

En muchos casos, el fracaso es un secreto solitario y personal, no compartido con nadie, pero igualmente perturbador debido a ello. La soledad es un accesorio inevitable del fracaso porque es fundamentalmente personal. "Yo fui el que lo perpetró". "Solo yo soy responsable de esto y de las consecuencias resultantes".

El fracaso, el miedo a la exposición y el temor a fracasar más, conducen al que ha fracasado a retirarse de la intimidad con los demás, para que no descubran quién es en verdad. Entonces las víctimas se convierten en prisioneros de sus propios pensamientos y culpa. Para preservar su reputación, persiguen el curso contraproducente de replegarse en sí mismos.

David siguió este curso, y como resultado experimentó la amargura y la soledad del fracaso moral a lo largo de ese año negro cuando testarudamente se negó a arrepentirse y confesar su pecado con Betsabé. Oiga su trágica confesión:

> Mientras callé, se envejecieron mis huesos en mi gemir todo el día. Porque de día y de noche se agravó sobre mí tu mano;

se volvió mi verdor en sequedades de verano. Mi pecado te
declaré, y no encubrí mi iniquidad. Dije: Confesaré mis
transgresiones a Jehová; y tú perdonaste la maldad de mi
pecado (Sal. 32:3-5).

Los sollozos del corazón quebrantado de David al confesar su
pecado en el Salmo 51 son un indicio de su sentido de aislamiento
de Dios, que es el seguro resultado de su pecado no confesado.
La lección para nosotros es clara.

No obstante, advierta el grito de gozo y liberación cuando,
después de su vil confesión, se apropió del perdón divino y salió
del iglú de su vergüenza y soledad: "Bienaventurado aquel cuya
trasgresión ha sido perdonada, y cubierto su pecado.
Bienaventurado el hombre a quien Jehová no culpa de iniquidad"
(Sal. 32:1-2).

13

El taller peculiar del diablo

Hay solo dos centros posibles para la vida: Dios y el yo. Si no nos centramos en Dios, nos centraremos en el yo; y centrarse en el yo es la esencia del pecado. Los judíos, y nosotros, pueden buscar la Luz del mundo, la Vida de la vida; pero mientras permanezcamos centrados en nosotros mismos, nunca la encontraremos.

—Arzobispo William Temple

FUE EL SANTO PURITANO Willian Law quien describió el yo como "el taller peculiar del diablo". Si su percepción es correcta, entonces una de las herramientas más eficaces de Satanás para lograr sus sutiles objetivos debe ser el flagelo de la soledad.

LA TRAMPA DE LA AUTOCOMPASIÓN

"Tener lástima de sí mismo es un boleto de ida a la experiencia de la soledad", dice un consejero. El cristiano que cambia el centro de la vida de Cristo a sí mismo se expone a muchos males espirituales. Debido a que la autocompasión tácitamente niega la responsabilidad personal por la condición de uno, no puede haber una estrategia exitosa para conquistar la soledad siempre que se mantenga esa actitud.

Elías el profeta es el clásico ejemplo bíblico de un verdadero hombre de Dios que se sumió en el pantano de la autocompasión y la soledad. Fue después de su encuentro épico con Acab y Jezabel, en el que Dios le dio una notable victoria, que se produjo su fracaso.

La historia está repleta de instrucciones y aliento para cualquiera que esté en un caso similar. La causa principal de su condición fue diagnosticada por Dios mismo, y Él fue quien prescribió el remedio. En estas palabras se resume el triste empeño de Elías:

> Viendo, pues, el peligro, se levantó y se fue para salvar su vida, y vino a Beerseba, que está en Judá, y dejó allí a su criado. Y él se fue por el desierto un día de camino, y vino y se sentó debajo de un enebro; y deseando morirse, dijo: Basta ya, oh Jehová, quítame la vida, pues no soy yo mejor que mis padres (1 R. 19:3-4).

Un ejemplo más extremo de depresión, lástima propia y soledad sería difícil de concebir, y también es tan relevante al tema de nuestro estudio, que se requiere una consideración detallada de sus lecciones.

La lanza satánica golpeó a Elías cuando menos se lo esperaba. Por cierto, la exaltación hubiera sido una respuesta más adecuada. ¿No había infligido la asombrosa derrota del rey Acab, y no había obtenido una victoria espectacular sobre Baal y sus seguidores?

Sin embargo, había razones ocultas para su depresión y soledad, como indudablemente sucede con nosotros. ¿Qué fue lo que hizo que llorara equivocadamente en su aguda soledad: "y sólo yo he quedado, y me buscan para quitarme la vida" (1 R. 19:10)?

Había una causa fisiológica. Uno solo tiene que reflexionar sobre el tremendo gasto emocional y físico implícito en su enfrentamiento en el Monte Carmelo: Un hombre solo contra toda una nación hundida profundamente en la idolatría, luego la exterminación de los sacerdotes apañados por la realeza seguidora del falso dios, para darse cuenta de la magnitud de la reacción que ahora experimentaba.

Agréguele a esto la intensidad de su oración prolongada, el largo viaje a Jezreel y su abstinencia de comer. Estaba exhausto física y emocionalmente. Descubrió que las leyes de la naturaleza funcionan por entero sin respetar a las personas e independientemente de los méritos de la causa que acrecienta el agotamiento.

Elías estaba totalmente solo en el desierto, puesto que había dejado a su siervo a un día de viaje. Solo consigo mismo, quejándose en una orgía de autocompasión. Uno pudiera pensar que luego de la excitación y el agotamiento del día anterior se habría regocijado en las horas de soledad. ¡Pero no! En cambio, se volcó hacia adentro y expresó con palabras su lástima por sí mismo: "Basta ya, oh Jehová", se quejó, "quítame la vida".

También había una causa psicológica para su condición. En su hora de reacción extrema le reprochó a Dios por no recompensarlo de manera adecuada por el celo que había mostrado hacia su causa.

"He sentido un vivo celo por Jehová Dios de los ejércitos", alardeó. En extraña desilusión dijo: "no soy yo mejor que mis padres", una admisión tácita de que había estado guardando un sentir secreto de superioridad espiritual. (Luego quedó al desnudo la falsedad de su afirmación, ya que había siete mil israelitas que no se postraron ante Baal.) Su autoestima recibió un golpe demoledor. Parecía que todo su celoso servicio había servido de algo, no había sido reconocido. Se sintió totalmente desilusionado, solo y solitario. "Sólo yo he quedado".

El sentido de llamado profético de Elías, que hasta entonces había sido tan fuerte, se había evaporado y él abandonó a su nación en su momento de necesidad. ¿No había orado y trabajado para un poderoso renacimiento espiritual que barriera la tierra? Pero según parecía, la agitación había sido superficial y efímera. Era un total fracaso. La muerte era preferible a la vida.

UN DIOS COMPASIVO

Pero su Dios es bondadoso y compasivo. Él no tomó la palabra de su siervo agitado, ni le reprochó. ("Porque él conoce nuestra condición; se acuerda de que somos polvo", Sal. 103:14). En cambio, envió a un mensajero con una comida preparada en la cocina del cielo. El ángel despertó a Elías y lo hizo comer. Luego de haber satisfecho su apetito, le sobrevino un placentero sueño. La operación fue repetida una segunda vez.

Fortalecido y refrescado por la comida y el descanso, Elías viajó cuarenta días y cuarenta noches "hasta que llegó a Horeb, el monte de Dios". Luego fue a una caverna y pasó la noche. Solo entonces Dios lo enfrentó con su problema fundamental. Pero para él no hubo algún mensaje en el tornado que sacudió las piedras, ni en el terremoto, ni en el fuego. No fue hasta que hubo "un silbo apacible y delicado" que el mensaje de Dios penetró en su corazón solitario (1 R. 19:12).

Cualquiera que pueda encontrarse cerca de la misma condición deberá advertir y consolarse con el método divino usado con el profeta agitado. En la jerga teológica moderna, Elías fue un ejemplo ideal de agotamiento. Expresó todas las marcas auténticas de esa desagradable condición.

¿Cuál fue la panacea divina? Dos comidas sustanciosas y dos sueños prolongados. Solo entonces, en un momento de soledad, cuando estuvo en un estado ideal para oír la voz apacible de Dios, pudo enfrentar su problema espiritual básico. La renovación de sus recursos físicos y nerviosos desgastados pavimentó el camino para un regreso a la renovación y utilidad espirituales.

La lección es obvia. Solo fue cuando Elías estuvo preparado para renunciar a su lástima por sí mismo que la voz amable de Dios le fue audible. Dios no grita sus mensajes. Solo entonces la paloma de la paz regresó a su corazón. La soledad huyó ante su conciencia renovada por la presencia de Dios con él.

Para su sorpresa, Dios le dijo que lejos de estar solo en su celo y lealtad a Él, como había supuesto en su autocompasión, había otros siete mil que también se habían negado a postrarse ante Baal.

Luego el Señor le aseguró que no había sido dejado de lado por su abandono temporal. Para él todavía quedaba un ministerio significativo que cumplir.

IMPORTANTES LECCIONES ESPIRITUALES

Surgen varias lecciones espirituales importantes que tienen un peso directo sobre la maldad de la autocompasión con su consiguiente sentimiento de soledad. Estas lecciones deben dominarlas los que están solos o deprimidos.

- El cristiano no puede con impunidad quebrantar las leyes de la salud, aunque sea una tarea cumplir con las apremiantes necesidades del servicio a Dios y de la necesidad del hombre. El hecho de que seamos cristianos no nos hace inmunes al castigo de una ley natural quebrantada.
- Los momentos de soledad en los que nos retiramos del apuro y el bullicio de la vida cotidiana son necesarios siempre que sean posibles. Es entonces que podemos experimentar renovación física y espiritual. Corremos el peligro de agotar nuestro capital físico y nervioso.

- Si cambiamos nuestro centro de Cristo al yo, estamos abiertos al ataque de nuestro adversario y nos exponemos a otros males espirituales.
- Lo que en nuestros momentos más oscuros consideramos fracasos, pueden a veces ser más aparentes que reales. En todo caso, ningún fracaso necesita ser final. El camino a la purificación y al perdón está siempre abierto (1 Jn. 1:9).

Fue cuando Elías se despojó de su lástima por sí mismo y nuevamente fijó sus ojos en su Dios compasivo que llegó la liberación. Un sentido renovado de la presencia divina borró su sensación de soledad.

EL PELIGRO DE ESTAR CENTRADO EN UNO MISMO

Otra manifestación sutil de la vida en el yo (la vida que gira alrededor de uno mismo) es estar centrado en uno mismo, llegar a estar casi totalmente absorbido por sus propios intereses y preocupaciones. Es un hecho bien conocido que la gente que siempre se siente sola suele moverse en esta dirección, solo para descubrir que su soledad crece en proporción a su absorción propia.

> El yo es la única prisión que puede atar el alma.
> Cristo es el único ángel que puede abrir las puertas.
> Y cuando Él viene a liberarte,
> ¡Levántate y síguelo rápidamente!
> Su senda puede conducir a través de la oscuridad,
> Pero finalmente lleva a la vida.

Refiriéndose a los beneficios de una introspección saludable y positiva en su libro, *The Radiant Life* [La vida radiante], W. E. Sangster escribió: ƒ

Lo primero que golpea a cualquier hombre o mujer que seriamente lleva este tipo de examen propio, es cuán preocupados estamos con nosotros mismos; no solo, ni principalmente cuando hacemos un examen propio, sino en todo momento. En el hombre natural, todo parece tener una referencia propia inmediata. La reacción instantánea de la naturaleza humana ante cualquier acontecimiento o noticia, o posibilidad futura es: "¿Cómo me afectará esto?" El hombre promedio está mucho más perturbado porque le suceda algo malo, que por alguna calamidad importante en la vida de alguna otra persona. La preocupación propia es tan natural y común que es aceptada como normal; es solo cuando lo enfrentamos que la enormidad y la distorsión de nuestro egoísmo aparece realmente.

Se ha sostenido con mucha probabilidad, que sin la ayuda de estar centrado en uno mismo, a la soledad le resultará difícil existir. Si persistimos en concentrar nuestros pensamientos en nosotros mismos, especialmente en un momento en el que alguien a quien amamos ha sido alejado de nuestro lado, tal actitud solo alimentará las llamas de nuestra desolación.

Si se sigue el modelo bíblico, la vida cristiana no puede ser coherentemente egoísta y centrada en sí misma. El cristianismo es presentado de forma uniforme como extrovertido, preocupado, afectuoso. Para ser como Cristo, nos preocuparemos tanto por los demás que nos olvidaremos de nosotros mismos.

Los médicos relatan una enfermedad nerviosa poco común conocida como corea que hace que el paciente se dé vuelta y siga girando lentamente en un lugar, una condición asombrosamente similar a la conducta de la persona centrada en sí misma. Pero todo lo que logra esa absorción propia es encarcelar el alma en su propia desdicha. La introspección saludable y constructiva puede servir a un propósito útil, pero el estudio propio morboso es contraproducente.

En *The Way of the Cross* [El camino de la cruz], J. Gregory Mante narra cómo en el Palacio de Wurtzung hay una habitación donde las paredes están cubiertas de espejos. Se lo llama el Salón de los mil espejos. Uno entra. Aparecen mil manos para estrechar la suya, mil sonrisas saludan a la suya, mil mares de ojos llorarán cuando usted llore. Pero todos son sus manos, su sonrisa y sus lágrimas. ¡Vaya imagen de la persona centrada en sí misma! El yo todo alrededor, el yo multiplicado.

> Hay un hombre que con frecuencia se para
> Entre tu gloria y yo mismo.
> Su nombre es el yo, mi yo carnal
> Se para entre tu gloria y mi persona.
> Ah, mortifícalo, mortifícalo,
> ¡Véncelo, mi Salvador!
> ¡Exáltate a ti solo!
> Eleva el estandarte de la cruz
> Y detrás de sus pliegues
> Oculta al portador del estandarte.

Si en lugar de poner nuestra mirada hacia adentro en contemplación propia la ponemos hacia fuera en otros corazones solitarios, disponiéndonos a aliviar su perturbación, descubriremos que en el proceso estamos saliendo de la concha que nos restringe en nuestra propia soledad.

Un amigo con el que estaba viajando por Asia murió en un accidente de aviación de regreso a su hogar. Su viuda, que tenía una salud muy delicada, al principio estuvo destrozada por la tragedia inesperada. Sin embargo, cuando de alguna manera el tiempo había aliviado la agudeza de su soledad, comenzó a volcar sus pensamientos fuera de su propia angustia a la de otras personas que pasaban por situaciones similares. Se preguntó: "¿Cómo pudiera mi trágica experiencia ser utilizada para ayudar a otras viudas?"

Mientras oraba, le vino un pensamiento: "Solo eres una de las mil viudas que están penando como tú. Cuando oigas de alguien que se haya quedado viuda, ¿por qué no le escribes y le dices tu propia experiencia del consuelo del Señor en la hora de la necesidad?"

Actuó de acuerdo con esta sugerencia inspirada divinamente, al poco tiempo se abrió un área nueva por completo de ministerio para ella. Cuando leía en el periódico sobre alguien que había quedado viuda; tal vez en un accidente, tal vez en circunstancias similares, enviaba una carta. Muchos fueron influidos a buscar a Dios en su angustia y desolación como resultado de su preocupación. Descubrió que como un efecto secundario inesperado, su propia soledad se disipó en gran medida.

Con facilidad pudiera haberse dejado absorber en sí misma en su propia pena, soledad y mala salud. En cambio encontró el gozo exquisito de mediar en el consuelo de Dios.

En un artículo que apareció en la revista *Crusade*, Mary Endersbee cita a C. S. Lewis, quien a partir de su propia experiencia, describe en términos gráficos, casi terribles, el peligro de volverse centrado en sí mismo:

Si quiere mantenerlo intacto, no debe darle su corazón a nadie, ni siquiera a un animal. Envuélvalo cuidadosamente con pasatiempos y pequeños lujos; evite todo enmarañamiento; enciérrelo en el ataúd de su egoísmo. Pero en ese ataúd, seguro, oscuro, sin movimiento, sin aire, esto cambiará. No se quebrará, será inquebrantable, impenetrable, irredimible. La alternativa a la tragedia, o por lo menos el riesgo de la tragedia, es la maldición. El único lugar fuera del cielo donde usted puede estar totalmente seguro de todos los cambios y perturbaciones del amor es el infierno.

Una característica común de las víctimas de la soledad es una tendencia a culpar a los demás por su sufrimiento. Pero la causa es mucho más probable que resida en sí mismas: En sus propias actitudes, ya sean concientes o inconscientes.

Centrarse en sí mismo es natural en un niño, pero en un adulto es infantil, una marca de inmadurez. Nuestra potencialidad para la soledad se incrementa enormemente cuando nos preocupamos por nosotros mismos, o cuando somos indebidamente críticos e intolerantes de los demás. En esa mentalidad y con ese corazón exudamos una atmósfera que desalienta a los otros a desear entrar en una relación íntima con nosotros.

Charles Durham presenta un análisis sagaz de la vida centrada en uno mismo en su libro *When You Are Feeling Lonely* [Cuando se siente solo]:

> Los seis rasgos indeseables de la personalidad enumerados aquí tienen su causa en algún lugar de la actitud centrada en uno mismo. Los reformistas con frecuencia estaban hambrientos de poder, el que habla en exceso necesita estar en el centro del escenario, el competidor debe ser el mejor y la persona enojada debe vengarse. Alardear es frecuentemente la expresión de un exceso de orgullo, o una cubierta de la personalidad insegura.

Para remediar esta situación infeliz, debemos emprender una reevaluación totalmente sincera de nuestras actitudes, por más doloroso que pueda resultar el proceso. Valdrá la pena el dolor. Luego, habiendo enfrentado la realidad, siga el precepto de Pablo y "consideraos muertos al pecado [y el yo], pero vivos para Dios" (Ro. 6:11).

14

Cómo ministrar a los que se sienten solos

Solo, solo, totalmente solo
Solo en un ancho, ancho mar;
Y nunca un santo se compadeció
De mi alma en agonía.
—Samuel Taylor Coleridge

MINISTRAR A LAS PERSONAS solas que nos rodean nunca es tarea fácil, incluso cuando tenemos la mayor de las motivaciones y la mejor de las voluntades. Los movimientos amistosos no son siempre fáciles de hacer con una persona que se siente atrapada por la soledad, ni tampoco son siempre bien recibidos. A veces uno se encontrará con un desaire. Una respuesta positiva en un primer acercamiento es poco común. Aunque el que sufre pueda ansiar una amistad, paradójicamente por una u otra razón él o ella son reacios a responder. Es para los que se preocupan, y que no trabajan con tal discapacidad, estar alerta a dichas personas, hacer el primer acercamiento y estar preparado para aceptar un

113

desaire inicial. De este modo con frecuencia podemos romper el hielo y abrir el camino para una mayor relación.

En una ocasión cuando mi esposa y yo habíamos ido a las montañas durante un período de retiro, ella tuvo que enfrentar de nuevo la responsabilidad del creyente del testimonio personal. Siendo de una disposición tímida y retraída, descubrió que dar testimonio a los demás era una experiencia bastante intimidante. Sin embargo, al haberse reunido con el Señor en esa oportunidad, le prometió que de ahí en adelante iba a estar dispuesta a dar testimonio de Él a cualquiera, en cualquier momento y en cualquier lugar. Para ella este fue un compromiso costoso.

Solo un día o dos después de nuestro regreso a la ciudad, mientras pasaba por un culto evangelístico al aire libre, advirtió a una mujer joven que estaba sola de pie, escuchando el mensaje. Al pasar por delante de ella, sintió que el Espíritu Santo le decía que volviera y le diera su testimonio. Su reciente resolución le vino a la mente, así que desanduvo sus pasos.

Luego de acercarse a la joven, descubrió que solo había pasado un día desde que había venido a la ciudad desde el campo en busca de empleo. No conocía a nadie y estaba desesperadamente sola. Luego de una conversación más prolongada, entregó su vida al Señor y posteriormente se convirtió en una sincera obrera cristiana.

Nosotros, los que gozamos de la compañía de Cristo, debemos ser sensibles y estar alertas a tales oportunidades, ya que estamos rodeados de personas similarmente solas que pudieran ser conducidas al Señor a través de un gesto amistoso y encontrar en Él la solución a su problema.

Las personas solas con frecuencia tienen una máscara protectora que oculta su perturbación. Debemos estar alertas para horadar la máscara y dedicarnos a saltar por encima de la barrera que ella crea.

En su *Macbeth*, Shakespeare formula una pregunta muy gráfica que es relevante para el obrero cristiano:

¿No puedes ministrar a una mente enferma,
Arrancar del recuerdo una angustia enraizada,
Borrar los problemas ocultos del cerebro,
Y con algún dulce antídoto que cause olvido
Limpiar el pecho lleno de esa cosa peligrosa
Que pesa sobre el corazón?

Al ministrar a las personas que se sienten solas, un camino productivo es el de la hospitalidad amistosa. La timidez y la reticencia pueden superarse con mayor facilidad sentados a la mesa que en ningún otro lado. La comida atractiva y un intercambio amistoso de conversación ayudarán a la conversación y a crear una atmósfera en la que será más fácil para la persona que sufre desahogarse.

Los que han recorrido el mismo sendero solitario se sentirán especialmente viva esta situación, y a partir de los recuerdos de su propia experiencia dolorosa estarán mejor preparados para ayudar a su amigo o amiga que sufre. El hecho de que hayamos conocido el consuelo de Dios en nuestra soledad hace residir en nosotros la responsabilidad de mediar en ese consuelo hacia los demás como lo sugiere Pablo en 2 Corintios 1:3-4:

Bendito sea el Dios y Padre de nuestro Señor Jesucristo, Padre de misericordias y Dios de toda consolación, *el cual nos consuela en todas nuestras tribulaciones, para que podamos también nosotros consolar a los que están en cualquier tribulación,* por medio de la consolación con que nosotros somos consolados por Dios (cursivas añadidas).

Kathleen Parsa, en la revista *Discipleship,* relata cómo la simple seguridad de que Dios la amaba realmente le trajo alivio a una mujer de su soledad.

Mientras viajaba recientemente, conocí a una mujer sola de alrededor de veinte años en un baño público. Ella estaba deprimida y lloraba porque se encontraba lejos de su patria, Irlanda. También había estado bebiendo pero parecía lúcida. Luego de desahogarse con su historia, me pidió disculpas.

"Lamento mucho esto", dijo.

"En verdad, está bien", le aseguré. "Yo también he sentido eso por mi país antes".

"Me tomé unas copas, pero en lugar de sentirme alegre, me siento tan desgraciadamente sola", confesó.

"¿Eres cristiana?", le pregunté al presentir que podía serlo.

"Sí", respondió.

"¿Entonces sabes que Jesús te ama?", dije.

Ella hizo una pausa y me miró directamente a los ojos. "Sí", dijo lentamente. "Él me ama".

"Bueno, aunque te sientas sola, no estás sola, nunca. Él está siempre contigo y siempre te amará". Le di un rápido abrazo y dije: "Oraré por ti".

Habiendo dicho eso, salí apurada, pero no sin advertir primero un cambio en su rostro.

Estaba sonriendo, y parecía estar más calma.

Para los que desean ayudar a los que se sienten solos, abundan las oportunidades. Las visitas a los hogares de ancianos son valoradas por los que pocas veces reciben una visita. Muchas personas mayores que viven solas en sus propios hogares con gusto darían la bienvenida a un visitante y a una plática amistosa.

Para los que tienen una salud frágil, un ofrecimiento de cortarle el césped o de hacer otras tareas que ellos son incapaces de hacer solos sería una fortuna. En una atmósfera tal de buena voluntad no es difícil traer un mensaje de consuelo o de salvación de las Escrituras.

No obstante, debe tenerse presente que ministrar a los solos puede ser una experiencia costosa, que lleva mucho tiempo y a veces provoca desilusión. No podemos ayudar genuinamente a los demás sin que salga de nosotros "virtud": Una fuerza física y emocional. Para ser eficiente en esta área de servicio deberemos identificarnos con nuestros amigos y entrar en su experiencia como si fuera la nuestra.

Segunda parte

PRESCRIBIR LA CURA

En el camino al alivio

¡Jehová! ¡Jehová! fuerte, misericordioso y piadoso; tardo para la ira, y grande en misericordia y verdad, que guarda misericordia a millares, que perdona la iniquidad, la rebelión y el pecado.

—Éxodo 34:6-7

Es mucho más fácil diagnosticar la naturaleza de una enfermedad física que prescribir el remedio apropiado, y esto no se diferencia del mal del espíritu, del cual la soledad es uno. Las aflicciones espirituales y físicas son tan diversas en su origen, tan variadas en su incidencia y tan diferentes en su manifestación.

En la relación médico-paciente, los resultados más satisfactorios se logran cuando hay una apertura total y una sinceridad por parte de ambos. Así también debe serlo si la causa de la soledad debe ser correctamente diagnosticada y tomarse una acción respecto de la misma. Como con la medicina, la prescripción más útil es con frecuencia la más desagradable de tomar. ¡Solo la persona inmadura, sin embargo, es la que se niega a tomarse el remedio curativo porque sabe mal!

Sin duda alguna, yo diría como axioma que si se debe superar la soledad, se debe aceptar que la iniciativa para aliviar la condición reside en los que están sufriendo. Son ellos los que tienen que dar el primer paso y poner en marcha la maquinaria para su recuperación. Si no están dispuestos a hacerlo, probablemente se queden con su soledad.

Finalmente, cada uno de nosotros debe enfrentar la realidad y hacerse responsable de su condición. Es nuestra soledad personal, y para ella tenemos la respuesta final. Entonces, si debe efectuarse algún cambio, somos nosotros los que debemos tomar la iniciativa. Si elegimos negar la responsabilidad y culpar a los demás por ella, la perspectiva de la liberación es oscura. Debemos dejar de culpar a los padres, al entorno o a otras personas o circunstancias, sino no habrá estrategia alguna eficaz para conquistar el mal. Hay buenas esperanzas de alivio cuando aceptamos que, al final, nosotros y nadie más somos responsables de crear las condiciones para el cambio.

LIMPIAR EL TERRENO

La soledad no es de ningún modo siempre espiritual en su origen, pero los factores espirituales bien pueden acentuar el problema. Puesto que es muy probable que ese sea el caso, el terreno de nuestra vida debe limpiarse de todo elemento nocivo para que el Espíritu Santo pueda obrar sin obstáculos en la tierra de nuestro corazón. Si hay cosas que sabemos que están mal, o acerca de las cuales el Espíritu Santo nos está condenando, se deben confesar sinceramente sin excusas o reservas secretas. Una prueba de que nuestra confesión es sincera será que no solo confesamos nuestros pecados, sino que renunciamos a ellos.

El arrepentimiento es dejar los pecados
Que amábamos antes,

> Y demostrar que sentimos una profunda pena,
> Al no hacerlos más.

Si se guarda en el corazón un resentimiento secreto hacia el Señor (y con frecuencia este es el caso, aunque no se lo expresa abiertamente) se debe corregir esta actitud. Dios tiene solo buenos propósitos para sus hijos. "Pero éste, *para lo que nos es provechoso,* para que participemos de su santidad" (He. 12:10, cursivas añadidas). Debemos estar bien con Dios antes de poder estar bien con nosotros mismos y con los demás.

Este proceso puede compararse con la punción de una herida infectada. Antes de poderse iniciar el proceso de curación, se debe drenar del contenido dañado.

Cuando vamos a Él con verdadero arrepentimiento, Dios es muy bondadoso. No debemos sentir temor al desaire o al rechazo, independientemente de cuán poca valoración sintamos y tengamos. Su actitud hacia sus hijos que fallan se exhibe bellamente en la revelación que Dios mismo le dio a Moisés cuando oró: "Te ruego que me muestres tu gloria" (Éx. 33:18).

> Y pasando Jehová por delante de él, proclamó: ¡Jehová! ¡Jehová! fuerte, misericordioso y piadoso; tardo para la ira, y grande en misericordia y verdad; que guarda misericordia a millares, que perdona la iniquidad, la rebelión y el pecado (Éx. 34:6-7).

APROPIARSE DEL PERDÓN

Un regalo no se vuelve nuestro hasta que nos apropiamos de él. Dios ofrece gratuitamente perdón para todos nuestros pecados, y la aceptación de ese perdón es otro hito importante en el camino a la restauración. Las personas solas suelen condenarse a sí mismas. Ven en su condición determinada falla real o imaginaria por lo cual les resulta difícil perdonarse a sí mismas.

Pero si nuestro santo Dios está dispuesto, en nombre de Cristo, a perdonarnos ante una confesión, entonces podemos perdonarnos a nosotros mismos por los pecados que Él ha perdonado. Oiga sus aseguradoras palabras: "Porque seré propicio a sus injusticias, y nunca más me acordaré de sus pecados y sus iniquidades" (He. 8:12).

¿Por qué debemos seguir recordando y atormentándonos cuando Dios nos asegura que Él no solo ha perdonado nuestros pecados sino que los ha olvidado también? ¿No genera nuestra falta de fe pena a su amoroso corazón?

Un autor dijo que el perdón era "este tremendo agente terapéutico". Afirmó que ser capaz de perdonar proporciona tal alivio al alma que es todo el alivio que muchos necesitan. Así, si hay alguien a quien no hemos perdonado por algún daño realizado, ese es un obstáculo que debe ser eliminado.

De modo que sométase al poder terapéutico del perdón de Dios. Tome el consejo inspirado de Pablo y olvide "lo que queda atrás" (Fil. 3:13). Con resolución dé un golpe a la puerta y ciérrela respecto del pasado y los fracasos y arroje la llave. Luego siga adelante hacia las cosas mejores por venir.

No espere pasivamente (y desesperanzadamente) que alguien haga algo acerca de su soledad. Mire a la vida de frente y dé un paso decidido hacia adelante. Enfrente la realidad y adáptese a ella.

Hace poco al aconsejar a un hombre joven que se había replegado de la vida como resultado de algunas experiencias muy dolorosas, descubrí que a través del desaliento había dejado de lado toda vida social y se había convertido en un "solitario". Lo alenté a comenzar de nuevo, a pedirle a Dios que le permitiera otra vez establecer relación con sus compañeros y comenzar de nuevo a servir al Señor.

A la siguiente noche vino a mí con un semblante radiante. Se había acercado a un vecino no cristiano a quien encontró sensible a sus acercamientos. ¡El vecino lo había invitado a entrar y a tener juntos un estudio de la Biblia! Dios no tarda en responder a la oración sincera de alguien que desea estar bien con Él.

SEA FRANCO

Otro paso útil para manejar la soledad es desahogarse con Dios sin inhibiciones, así como lo hizo con frecuencia el salmista. Sea abierto y sincero con Él, dígale exactamente cómo se siente. Él es su Padre celestial, cuyo oído compasivo siempre está abierto para las lamentaciones de sus hijos.

> Porque él conoce nuestra condición; se acuerda de que somos polvo (Sal. 103:14).
> *Derramad delante de él vuestro corazón;* Dios es nuestro refugio (Sal. 62:8, cursivas añadidas).

Además, si hay algún cristiano maduro en quien piensa que puede confiar, desahóguese con él o con ella. Un peso compartido con frecuencia es un peso que se divide en dos. Comparta sus sentimientos y sus fracasos, sus luchas y sus temores, y también sus alegrías. En otras palabras, "desabotónese", revélese a sí mismo, sus debilidades y todo lo demás. Se sorprenderá de la atención compasiva que recibirá, así como también del valor terapéutico de esa franqueza.

EN LA ACEPTACIÓN RESIDE LA PAZ

"En la aceptación reside la paz" se ha convertido casi en un cliché espiritual, pero contiene una verdad espiritual y psicológica importante. No podemos cambiar nuestras circunstancias externas. Están más allá de nuestro control, y somos responsables solo de las cosas que están bajo nuestro control. Pero podemos, y debemos, cambiar nuestra actitud interna hacia ellas. Por la acción presente podemos modificar el futuro. Cuando ninguna alternativa parezca posible, es solo cuestión de sentido común llegar a un acuerdo con la vida. Si bien esta es una lección muy difícil de dominar, es esencial.

Dos amigos míos tenían seis hijos, tres de los cuales tenían capacidades disminuidas tanto físicas como mentales. En las primeras etapas de esta experiencia, a mis amigos les resultó desesperadamente difícil aceptar que esta era la voluntad de Dios para ellos; lucharon contra esto y cuestionaron por qué les sucedía esto a ellos. Pero descubrieron que, lejos de ayudar, solo se estaban lastimando y arruinándose la vida.

Más tarde, como Jacob, tuvieron un encuentro transformador con el Señor. Finalmente aceptaron el hecho de que Dios había permitido esta prueba y "sabemos que a los que aman a Dios, todas las cosas les ayudan a bien, esto es, a los que conforme a su propósito son llamados" (Ro. 8:28).

"Una vez que lo aceptamos como la voluntad de Dios para nosotros", me contó la esposa, "aprendimos por experiencia la verdad que habíamos conocido en teoría, que en la aceptación reside la paz, y pudimos triunfar en medio de la prueba". Pero ella agregó estas palabras significativas: "Una vez que lo aceptamos como la voluntad de Dios, ya no nos pudo herir más". Así que surgieron enriquecidos de la prueba, no empobrecidos.

Advierta que aceptaron la voluntad de Dios mientras estaban todavía en medio de las circunstancias de prueba, difíciles como eran. Luego se adaptaron a las circunstancias adversas, y los que los conocían testificaron que llenaron de color la situación dolorosa.

Puede ser lo mismo con nuestra soledad. Podemos aceptarla como la voluntad de Dios para nosotros y también aceptar la responsabilidad de manera triunfante de manejarla. Si reaccionamos apropiadamente, toda la experiencia puede tener un beneficio positivo. Al aceptar en lugar de resentirnos y rebelarnos, nos encontramos más capaces de aceptarnos a nosotros mismos y a los demás. En resumen, el factor determinante en la batalla contra la soledad es nuestra actitud hacia ella.

La persona sola enfrenta solo dos opciones posibles, y la opción que tome determinará la posibilidad del alivio. Debe levantarse por sobre la soledad o bien sucumbir a ella y continuar sufriendo las consecuencias.

Uno puede escapar de la vida (y muchos toman la ruta del suicidio) o mirar los hechos cara a cara y enfrentarlos con el valor que Dios nos dará.

Ahora estamos en posición de considerar algunos posibles cursos de acción, además de los que ya se han mencionado, los cuales pueden aliviar en gran medida o incluso curar el mal.

Sedativo, no solución

Aunque alegres compañías
Despejen por un tiempo la sensación de enfermedad,
Aunque los placeres llenen la enloquecida alma,
El corazón, el corazón sigue vacío.

—Lord Byron

CUANDO SE ESTÁ AISLADO EN los residuos áridos de la soledad, los amigos preocupados y bien intencionados, por la bondad de sus corazones, ofrecen consejos y antídotos que esperan que sean de ayuda. Pero si bien se valora el gesto amable, las sugerencias por lo general poco hacen para aliviar la angustia del corazón. Sugerencias como tomarse unas vacaciones, unirse a un grupo de encuentros o comprar ropa nueva, que llegan en un momento en el que el sufrimiento es agudo, son tan útiles como decirle a una persona neurótica que no se preocupe o a una deprimida que se alegre. Parecen no guardar alguna relación con las realidades de la situación.

Algunas de tales actividades sin duda pueden resultar útiles para lograr una distracción y un alivio temporales, pero solo son un sedativo, no una solución, puesto que tocan solo la superficie del problema. Tarde o temprano se debe enfrentar sinceramente la realidad y descubrir y manejar la causa principal.

Alfred Lord Tennyson escribió sobre los consuelos pálidos que le extendían en la hora trágica cuando su mejor amigo fue arrancado a una tumba prematura.

> Uno escribe que "otros amigos quedan",
> Que la pérdida es algo común para la raza humana;
> Y común es el lugar común
> Y cosa inútil, vacía, bien intencionada.
>
> Que la pérdida es algo común no hace que
> Mi pérdida sea menos amarga, sino más;
> ¡Demasiado común! Nunca la mañana pasó a ser
> La noche, pero algún corazón sí se quebrantó.
>
> —*In memoriam* A. A. H.

La que acaba de convertirse en viuda, por ejemplo, se le alienta con frecuencia por sus amigas a comenzar una nueva carrera y construirse una nueva vida. El consejo es correcto y probablemente sea concretado, pero más adelante. Entonces tendrá significado para ella. Pero ninguna de estas cosas puede llenar el presente y dolorido vacío.

Los viajes, con sus nuevos escenarios y variados intereses, sí traen cierta distracción. Pero el problema es que dondequiera que vayamos llevamos con nosotros nuestra soledad, no podemos dejarla en casa. Y cuando regresamos de nuestro viaje o de otra actividad, la encontraremos esperándonos cuando traspasemos la puerta. Los viajes son útiles, pero solo son un sedativo.

En la ruptura de una relación preciada o en la desolación del luto, es inevitable que nos sintamos agudamente solos en nuestra angustia y pérdida. No es que nuestros amigos nos hayan fallado o que no nos quieran profundamente y deseen ayudarnos, pero se tienen unos a otros, y sus propios intereses reclaman su atención. Tienen otras cosas de qué hablar y compartir y pueden tener sus problemas propios. Pero nosotros estamos encerrados con nuestro corazón solo y parece no haber fin para el túnel oscuro en el que nos encontramos.

Al principio, la misma perspectiva de volver a emprender la vida de nuevo parece demasiado dolorosa para contemplarla. Alguien debe mantener vivo el recuerdo del ser querido. Parecería casi insensible permitir que la vida vuelva a la normalidad como si nada hubiera pasado.

EXPRESIÓN EXTERNA DE LA PENA

En la superficialidad de nuestro estilo de vida moderno, la expresión externa de la pena suele ser reprimida, especialmente por los hombres. Pero esa represión sirve solo para generar una mayor soledad. La pena debe ser libremente expresada, tanto por los hombres como por las mujeres.

Cuando yo era joven había una expresión mucho más grande de la angustia y el consuelo por la pérdida de un ser querido. Los parientes estaban de luto, a veces hasta un período de seis meses. Las mujeres se vestían de negro. Los hombres, e incluso los niños, usaban bandas negras en los brazos. Los pañuelos y la papelería tenían bordes negros. Esto se hacía como una expresión tangible y sincera de pena y respeto compartidos.

No estoy defendiendo un regreso a esas prácticas, pero permitían que la pena y la angustia tuvieran una expresión saludable y abierta. Indicaba a la persona de duelo que ellos y su ser amado no eran olvidados.

Sin embargo, la tendencia prevaleciente es evitar hablar del que ha fallecido, por temor a avergonzar al que está de luto. Pero el hecho es que, en la mayoría de los casos, la persona que sufre quiere hacer eso más que nada en el mundo. Hablar de ellos mantiene el recuerdo atesorado de una manera sana, no morbosa. Poder hablar de un ser que partió de manera natural es una terapia muy valiosa.

El corazón solitario, como hemos visto, busca el escape de su prisión de muchas formas. Algunos huyen de la realidad ahogándose en una ronda de actividades frenéticas, con la vana esperanza de que esto llene las interminables horas y tal vez inducirá un período de olvido. Otros recurren a excursiones al mundo del entretenimiento pero descubren que solo les brinda un alivio pasajero.

El mundo sombrío de lo oculto hace su apelación a los que desean reestablecer el contacto con los seres queridos más allá del velo. Las religiones orientales se han vuelto muy populares y cada vez más resultan atractivas a un segmento de la sociedad, desilusionado y perdido. Pero todo esto resulta una ilusión y una desilusión.

"Todos tienen escapes", escribe Nancy Potts en su libro, *Living between the Times,* [Viviendo entre los tiempos]. "Algunas personas comen demasiado, otras ven novelas por televisión, se vuelven adictas al trabajo, emprenden actividades sin fin... intentan aplacar el dolor con alcohol o drogas. Las maneras posibles de escapar son infinitas. Sin embargo, el resultado final es la autocompasión y una pérdida del respeto de sí mismo".

Esto no quiere decir que algunos de esos escapes no satisfagan en alguna medida una necesidad, pero el alivio que brindan tiene corta vida. No hay soluciones, solo sedativos. Una bandita es suficiente para cubrir una lastimadura, pero no es de gran ayuda para un brazo fracturado. Los tranquilizantes pueden brindar un alivio temporal, pero solo abordan la periferia del problema. No tratan el foco real de la infección de donde parte la soledad.

La ronda de placer o el amasar una fortuna son intentos vanos para escapar del dolor persistente. Es bien sabido que el millonario es usualmente un hombre solo, y que el comediante es con frecuencia más infeliz que los miembros del público al que está entreteniendo.

Incluso el éxito no siempre llena el vacío doloroso, como descubrió el brillante Henry Martyn. A los veinte años de edad, siendo estudiante en Cambridge, obtuvo los mayores honores que el mundo tenía para ofrecer en matemática. Martyn dijo que, en lugar de que su éxito le trajera satisfacción, "para mi sorpresa descubrí que solo agarré una sombra".

Más tarde se fue a la India como misionero. Cuando llegó a esa tierra, se arrodilló en la orilla y oró: "Y ahora déjame agotarme por Dios". Vivió solo siete años más, pero en ese breve tiempo le dio al mundo las traducciones del Nuevo Testamento en tres idiomas difíciles orientales. ¡Esos tres Nuevos Testamentos no eran alguna sombra!

NO UNA CURA SENCILLA

Debemos enfrentar el hecho claro de que nuestra soledad no se disipará por un procedimiento simple o único. Generalmente está enraizada demasiado profundamente en nuestra personalidad y conformación emocional para responder a cualquier cosa que no sea un tratamiento radical.

Ni se encontrará la respuesta final en el hecho de entablar una serie de relaciones informales. Se la descubrirá al entablar relaciones de calidad con personas que congenien con uno. No es la cantidad de amigos que obtengamos lo importante, sino la calidad de la relación que establecemos. Como dijo Séneca: "Nacemos para vivir juntos". La vida no está completa si estamos solos.

En cada uno de nosotros hay una profunda necesidad y deseo psicológicos de una compañía afectuosa que sobreviva las pruebas del tiempo y la vida moderna apremiante. Incluso nuestro divino Señor, suficiente por sí mimo como lo era, en su naturaleza humana ansiaba la amistad y el apoyo de sus allegados. Bajo estrés la amistad de ellos demostró ser imperfecta, aunque era algo que Él valoraba profundamente. De hecho, le hizo un amoroso tributo a su lealtad en las memorables palabras: "Vosotros sois los que habéis permanecido conmigo en mis pruebas" (Lc. 22:28).

La intimidad con amigos compasivos y comprensivos puede, y de hecho lo hace, aliviar los dolores de la soledad. Y si bien puede resultar difícil de lograr esa intimidad, es posible si se la encara de la manera correcta y con propósito de corazón.

El bálsamo de la amistad

La amistad es una cosa sumamente necesaria en la vida, ya que sin amigos, nadie elegiría vivir, aunque poseyera todas las otras ventajas.

—Aristóteles

UNA AMISTAD AFECTUOSA Y estable es uno de los dones más preciados que la vida tiene para ofrecer. Su ausencia es una de las privaciones más grandes de la vida. Aparte del gozo mutuo que obtenemos de la relación, los amigos son una de las barreras más eficaces contra la soledad.

En su útil libro *Friends and Friendship* [Amigos y amistad], Jerry White define la amistad en estos términos: "Un amigo es un confidente confiado a quien soy mutuamente atraído como un compañero y un aliado, cuyo amor por mí no depende de mi desempeño, y cuya influencia me acerca más al Señor".

En una verdadera amistad hay una disposición mutua de que cada uno acepte al otro tal como es, con defectos y todo. Los que establecen tal tipo de relación son ricos en verdad.

George Eliot describe tal amistad: "Ah el consuelo inexpresable de sentirse seguro con alguien, sin tener que sopesar pensamientos ni medir las palabras, sino verterlas tal como son, paja y grano juntos, y una fiel mano los tomará y los cribará, manteniendo lo que valga la pena mantener, y con un aliento de bondad, soplará el resto".

Cuando a Jeremy Taylor, el viejo anglicano, le entraron ladrones en su casa, se llevaron todas sus mejores posesiones y sacaron a su familia a la calle, él se postró y agradeció a Dios porque sus enemigos le hubieran dejado la luna y el sol, una esposa amorosa y muchos amigos para lamentarse y serenarse, la providencia de Dios, todas las promesas del evangelio, su fe, su esperanza del cielo y su amor hacia sus enemigos".

Con riquezas como esas, ningún ladrón podía empobrecerlo, ya que las verdaderas riquezas no consisten solo de cosas materiales. "Muchos amigos para lamentarse y serenarse".

EL RIESGO DE LA AMISTAD

Es el "cómo" entablar una amistad lo que genera el problema para la persona sola. Ya sea por opción o por exclusión se encuentran aislados de sus congéneres. Como hemos visto, por timidez o por temor a un posible desaire, se han retraído de intentar acercamientos amistosos.

Sienten que es casi imposible tomar el primer paso hacia una relación más estrecha con otras personas. Y sin embargo, si debe haber algún alivio a la soledad, esos movimientos deben hacerse, y hacerlos por ellos. De otro modo, estarán confinados a su prisión construida por ellos mismos. Es un principio demostrado que "El hombre que tiene amigos ha de mostrarse amigo" (Pr. 18:24).

Hay almas ermitañas que viven retiradas
En la paz de su propio contento

Hay almas que moran como estrellas separadas
En un firmamento sin compañía.
Hay almas pioneras que resplandecen sus caminos
Donde nunca hubo carreteras,
Pero déjenme vivir en una casa al lado del camino
Y ser un amigo del hombre.

Sin embargo, hay maneras por las que incluso la persona tímida y replegada puede vencer esa barrera, pero se necesitará un acto deliberado de la voluntad para localizar, entablar y mantener la amistad. Solemos creer que la amistad depende de conocer a las personas adecuadas. Dios en su Palabra nos dice que depende de que seamos las personas adecuadas.

En *The Friendly Male* [El hombre amigable], D. W. Smith nos dice cómo un investigador hizo circular un cuestionario que sondeaba la naturaleza de la amistad. En todas las respuestas que recibió, el entrevistado decía que los que estaban más cerca de él eran personas dispuestas a revelar sus sentimientos y necesidades. "Con frecuencia no nos abrimos a los demás por temor al rechazo", concluye Smith. "Si se abre, corre un riesgo, se vuelve vulnerable".

Eso es indudablemente cierto. Pero ¿es la alternativa más aceptable si no corremos el riesgo? Significa una perpetuación sin fin del doloroso status quo.

Ralph Waldo Emerson hizo una pregunta pertinente. "Nos ocupamos de nuestra salud, juntamos dinero, mantenemos bien a nuestro techo y a nuestra ropa suficiente, ¿pero quién provee sabiamente la mejor propiedad de todas: Los amigos?"

La verdadera amistad puede ser muy costosa. Es mucho más que usar a alguien para nuestro propio beneficio, ya que la necesidad implica darse a uno mismo, y eso incurre en un costo. Se dijo de un hombre rico y generoso que con todo lo que daba, nunca se dio a sí mismo. Así retuvo el don más preciado de todos.

LA AMISTAD PUEDE TRANSFORMAR

Al regresar a casa después de su primer campamento de verano, a una jovencita se le preguntó si se había sentido sola o si había sentido ganas de volver a casa. Su respuesta ingeniosa fue: "No tuve tiempo de estar sola. Porque estaba tan ocupada tratando de que otras niñas no extrañaran su hogar, nunca pensé en extrañar al mío". ¡Vaya ventana de salida de la soledad! Es la persona ocupada en sí misma la que siente sus más agudos azotes. La amigabilidad genera amistades y en el proceso echa por tierra la soledad.

El hecho de establecer una amistad en una coyuntura crítica en la carrera misionera del joven Hudson Taylor jugó un papel significativo en todos sus logros misioneros subsiguientes. Luego de haber experimentado dos golpes aplastantes, Dios trajo a su vida a un ministro escocés, William Burns, un hombre de aproximadamente veinte años mayor que él. Burns había sido el instrumento humano en un poderoso renacimiento espiritual en la iglesia del santo Robert Murray McCheyne en Dundee.

Durante siete meses los amigos trabajaron, viajaron y oraron juntos, meses que dejaron una impresión indeleble en el hombre más joven. Una de las biografías de Hudson Taylor resalta la importancia de esa amistad oportuna. Bien se dijo que Burns salvó a Taylor de sí mismo. Rechazado por los misioneros convencionales como lo fue, pudiera haber llegado a ser un aislado esnobista, ya que estaba muy adelantado a su tiempo. Pudiera haberse desarrollado como una persona que se movía en círculos firmemente contrayentes, dejando poco detrás salvo algunos pocos conversos y un recuerdo extraño. En cambio, se convirtió en un precursor del movimiento misionero moderno.

Recibió de Burns una impresión que nunca se borró. Su experiencia ejemplificó el valor de una amistad de calidad, que llegó en un momento en el que, en su soledad, pudo haberse volcado hacia sí mismo.

LA IMPORTANCIA DE LA LEALTAD

Una vez que se ha entablado una amistad, debemos tener presente que la lealtad mutua es esencial si es que va a florecer y perdurar. Un investigador descubrió que las cualidades más valoradas en una amistad eran: La capacidad de guardar un secreto, la lealtad, la bondad y el afecto, y la capacidad de tener conversaciones íntimas. Los que buscan una amistad deben tener presentes estos asuntos, ya que es un asunto de dos vías.

Los secretos deben mantenerse en una confianza sagrada y no compartidos con los demás, incluso en la oración, sin el consentimiento del amigo. Muchas amistades promisorias han fracasado porque no se ha observado este factor.

Ben Johnson dio este consejo: "Un hombre siempre debe dar mantenimiento a su amistad". Una forma de hacer esto cuando se está separado del otro es mediante una afectuosa correspondencia. Esto añadirá una nueva dimensión a la relación.

Una amistad florece y se profundiza en proporción a lo que cada parte coloca en ella. Se la debe trabajar y el altruismo mutuo es un componente valioso. Trabajar juntos en el servicio social o cristiano forjará un vínculo estrecho.

Pablo el apóstol poseía la capacidad de ganarse y retener la lealtad de sus amigos de ambos sexos y de todas las edades en un grado notorio. El secreto de su don se observa en todas sus cartas, su capacidad de amor no egoísta ni exigente. Estaba preparado para darlo todo sin restricciones, incluso si no era correspondido. "Y yo con el mayor placer gastaré lo mío, y aun yo mismo me gastaré del todo por amor de vuestras almas, aunque amándoos más, sea amado menos" (2 Co. 12:15).

F. W. H. Myers capta esta cualidad en su poema "San Pablo"

> Corazones que he ganado, de hermana o hermano,
> Rápido en la tierra, o enterrado en el césped,

Todo corazón me esperó, otro
Amigo en la familia perdonada de Dios.

Pero hay una amistad que es aún más importante y maravillosa, que debe ser cultivada persistentemente. Una amistad, que si se la abraza verdaderamente y se responde a ella, borrará la soledad. El hombre sabio de Proverbios escribió: "El hombre que tiene amigos ha de mostrarse amigo; *y amigo hay más unido que un hermano*" (Pr. 18:24, cursivas añadidas).

Muchos nombres son queridos, pero el de Él es más querido
Cómo se hace más querido a medida que la vida continúa;
Muchos amigos son queridos, pero Él es más querido,
Siempre lo que queremos, y todo es nuestro.
Jesús, Jesús déjanos decirlo
Suavemente a nosotros mismos como una enunciación dulce;
Jesús, Jesús, el espíritu atribulado descansará
En tu corazón, y te hará sentir bien.

—A. J. Foxwell

Elementos psicológicos y sociales

En contraposición a lo que pudiera esperarse, recuerdo experiencias que en el momento parecían ser especialmente desoladoras y dolorosas con particular satisfacción. De hecho, puedo decir con completa veracidad que todo lo que he aprendido en mis setenta y cinco años en este mundo, todo lo que de verdad ha acrecentado y esclarecido mi existencia, ha sido mediante la aflicción y no de la felicidad, ya sea buscada o lograda.

—Malcolm Muggeridge

ALGUNOS AUTORES QUE ABORDAN este tema desde el punto de vista cristiano se concentran principalmente en soluciones espirituales. Estas son indudablemente relevantes y de suma importancia, pero hay factores sociales y psicológicos involucrados que no deben ser ignorados. El Nuevo Testamento une ambos enfoques.

EL ELEMENTO PSICOLÓGICO

Antes de considerar qué pasos prácticos pueden tomarse para resolver el problema, se debe aclarar el pensamiento, ya que es en los pensamientos donde debe librarse y ganarse la batalla y la victoria.

Debe aceptarse que algún grado de soledad es un componente natural de la vida común. Nadie se escapa de sus caminos del todo. El hecho de que la soledad fue un elemento en la experiencia de nuestro Señor sin pecado cuando Él asumió nuestra naturaleza humana lo sostiene. Somos seres con privacidad que no siempre admitimos, incluso a nuestros amigos más queridos, a todas las áreas de nuestra vida privada.

Hay determinados caminos de la vida, por ejemplo, en los que cierto grado de soledad es inevitable. El liderazgo responsable necesariamente la involucra, ya que las decisiones importantes y a largo plazo deben tomarse solos, no pueden compartirse.

La vida es tan compleja que debemos aprender a vivir con algunos problemas del cuerpo y de la mente. Dios no quita toda circunstancia adversa del sendero del cristiano ni da explicaciones y soluciones fáciles para cualquier situación misteriosa. La vida estaría muy empobrecida si esto no fuera así. Es luchar contra las circunstancias adversas lo que fortalece moral y espiritualmente. Si la vida fuera fácil y sin complicaciones, nos convertiríamos en algo un poco mejor que una medusa amorfa. Si bien Dios puede permitir que la espina permanezca, Él también nos dará la gracia adecuada para soportarla (2 Co. 12:9).

En un esclarecedor momento de revelación propia, Malcolm Muggeridge dio un asombroso testimonio sobre el valor de soportar las experiencias inexplicables y dolorosas de la vida.

En contraposición a lo que pudiera esperarse, recuerdo experiencias que en el momento parecían ser especialmente desoladoras y dolorosas con particular satisfacción. De hecho, puedo decir con completa veracidad que todo lo que he aprendido en mis setenta y cinco años en este mundo, todo lo que de verdad ha acrecentado y esclarecido mi existencia, ha sido mediante la aflicción y no de la felicidad, ya sea buscada o lograda.

En otras palabras, si fuera de alguna manera posible eliminar la aflicción de nuestra existencia terrenal por medio de alguna droga o de alguna práctica médica... el resultado no sería hacer que la vida fuera deliciosa, sino hacerla demasiado banal y trivial como para poder soportarla.

—*A Twentieth Century Testimony*
[Un testimonio del siglo XX]

Es el árbol que tiene que aguantar las tormentas más feroces el que se vuelve con raíces firmes y fuertes. La lucha para vencer o compensar nuestra soledad puede demostrar ser el propio agente que nos conduce a Dios y nos hace fuertes en nosotros mismos y por lo tanto, capaces de ayudar a otros que estén en una condición similar.

LA IMPORTANCIA DE SER FRANCO

Si debe progresar el proceso de sanidad, debe haber algún grado de franqueza con alguien, una voluntad de abrirse y exponerse. La propia articulación de nuestras emociones con frecuencia nos coloca en el camino a la liberación. Si la soledad ha ocasionado amargura, resentimiento, envidia o lástima propia, abra primero su corazón a Dios y confiese esos pecados, ya que todo pecado es básicamente contra Dios (Sal. 51:4). Luego, si se ha cometido un pecado en contra de otra persona, confiéselo ante ella. Tenemos la seguridad de sanidad de Dios de que "Si confesamos nuestros pecados, él es fiel y justo para perdonar nuestros pecados, y limpiarnos de toda maldad" (1 Jn. 1:9).

La confesión y la aceptación del perdón prometido por Dios ayudan a sacar esas actitudes negativas y dañinas de nuestro sistema y traerán una liberación inimaginable. Si puede dar a conocer sus problemas emocionales con otro ser humano, esto también tendrá un efecto terapéutico sumamente útil. La amistad se desarrolla y profundiza con la franqueza mutua, ya que brinda una salida para la emoción guardada que produce la soledad.

Es instructivo advertir que en el año solitario en el que el rey David no estuvo dispuesto a abrirse y confesar su pecado con Betsabé, su actitud lo encerró en sí mismo. Pero cuando lo articuló en una confesión sincera, su espíritu se liberó:

> Mientras callé, se envejecieron mis huesos en mi gemir todo el día. Porque de día y de noche se agravó sobre mí tu mano; se volvió mi verdor en sequedades de verano. *Mi pecado te declaré, y no cubrí mi iniquidad.* Dije: Confesaré mis transgresiones a Jehová; *y tú perdonaste la maldad de mi pecado* (Sal. 32:3-5, cursivas añadidas).

No existe alguien, por más competente y confiado que pueda parecer, que no tenga algunas áreas de debilidad y algunas actitudes negativas que superar. No somos únicos en ese respecto. Si bien no podemos cambiar nuestras circunstancias, podemos cambiar nuestra actitud hacia ellas. En lugar de permitir que den forma a nuestra vida, podemos hacerlas que contribuyan a nuestro crecimiento en madurez. Es solo sabiduría común aceptar lo que no podemos cambiar y dedicarnos a cambiar lo que sí puede cambiarse.

Un motivo que puede evitar el ser franco puede ser la desconfianza en los demás. Podemos sentir que si revelamos lo que realmente somos, seremos rechazados o traicionados. Por supuesto, esta es una posibilidad. Pero si vamos a liberarnos alguna vez de nuestra esclavitud, es un riesgo que se debe correr.

Hablando en términos generales, descubriremos que nuestro temor no tenía fundamento. Pero cuando se considera la alternativa de seguir viviendo con nuestra soledad sin alivio, es un riesgo que bien vale la pena correr. Replegarse en el propio caparazón no logra algo.

EVITAR LA SUBESTIMACIÓN PROPIA

Un hábito que debe resistirse es la tendencia a subestimarse. Esto puede ser al mismo tiempo la causa y el resultado de la soledad. La persona que tiene un nivel indebidamente bajo de autoestima es de manera especial vulnerable. Si bien debemos dejar de lado el orgullo y la vanidad, las Escrituras nos alientan a tener una valoración propia sincera, sin exaltarnos por un lado, ni subestimándonos por el otro. Pablo recalca esto en Romanos 12:3 cuando escribe:

> Digo, pues, por la gracia que me es dada, a cada cual que está entre vosotros, que no tenga más alto concepto de sí que el que debe tener, *sino que piense de sí con cordura,* conforme a la medida de fe que Dios repartió a cada uno.

Esto no significa que debamos estar satisfechos como somos, debemos apuntar siempre más alto, sino que no debemos irnos al otro extremo y desvalorizarnos. Debemos cuidarnos de devaluar lo que Dios valoró tan alto como para considerar que valía la pena el sacrificio de su Hijo.

Pablo no está hablando aquí de ocuparnos de manera enfermiza de nosotros mismos sino de una autoevaluación sana. Si bien confesó: "Y yo sé que en mí, esto es, en mi carne, no mora el bien; porque el querer el bien está en mí, pero no el hacerlo" (Ro. 7:18), ese hecho no impidió su sincera evaluación propia cuando sostuvo: "Y pienso que en nada he sido inferior a aquellos grandes apóstoles" (2 Co. 11:5).

La evaluación que hace Dios de nosotros es más precisa que la nuestra. Él sabe todo de nosotros, ya que nos creó. Su estimación de nuestra valoración a sus ojos se mide por el hecho de que Él entregó a su Hijo por nosotros. "Dios no hace acepción de personas" (Hch. 10:34). Otros pueden parecer más atractivos y valiosos a nuestros ojos, pero nadie es más precioso para Dios que nosotros mismos.

Pablo dominaba el secreto de manejar circunstancias adversas.

> *He aprendido* a contentarme, cualquiera que sea mi situación. Sé vivir humildemente, y sé tener abundancia; *en todo y por todo estoy enseñado...* Todo lo puedo *en Cristo que me fortalece* (Fil. 4:11-13, cursivas añadidas).

Para descubrir el tipo de circunstancias sobre las que aprendió a triunfar lea 2 Corintios 11:23-28. Pero advierta que él enfatiza que ha sido un proceso de aprendizaje. No siempre estuvo contento. Perseveró y dominó el secreto, mediante la fortaleza que obtuvo en Cristo.

Ya que el ocuparse de uno mismo demuestra ser contraproducente para aliviar la soledad, la alternativa más útil y sensata es volver los pensamientos hacia fuera hacia otros a los que pudiera ministrar en su necesidad. Piense en los niños solos y abandonados, en las viudas y los viudos solos, en los divorciados solitarios, en los inmigrantes o en los estudiantes que se sienten solos. De hecho su vecino de al lado puede estar enfrentando el mismo problema, sin que usted lo sospeche.

En cada corazón existe el ansia insaciable, no siempre reconocido como tal, de ser amado y apreciado. Tome la decisión de relacionarse con esas personas, ¡y luego *hágalo*!

EL ELEMENTO SOCIAL

Es en el área de las relaciones sociales que reside el problema. La raíz de la soledad es la ausencia de compañías amorosas y satisfactorias, y aquí es donde debe hacerse un cambio.

Doy por sentado que usted es lo bastante serio como para encontrar una cura para su condición al estar dispuesto a dar pasos positivos hacia una solución. Sin esta sinceridad, ninguna sugerencia será de mucha ayuda. Hay solo dos alternativas: Trascender o sucumbir. La determinación de dar pasos para relacionarse con los demás es una decisión sencilla de la voluntad, aunque puede resultar difícil. Pero puede conducir a una vida transformada.

PASOS SUGERIDOS

Después de orar, piense en la persona más probable con la que pudiera tener un acercamiento amistoso; luego busque una oportunidad favorable. Considere el enfoque más adecuado que pudiera tomar. Practique el arte de iniciar y continuar una conversación.

Si hay intereses en común, comience por estos. Encontrará que uno de los métodos más productivos es que la otra persona hable de sí misma y de sus intereses. Esto genera una atmósfera relajada. Escuchar interesado pavimenta el camino para una mayor comunicación. Deje que su interés en la otra persona sea genuino y pronto descubrirá que podrá olvidarse de usted mismo.

No se desaliente si el primer contacto no se desarrolla en una amistad plena. Se ha roto el hielo y este es un comienzo importante. No permita que una desilusión inicial le impida hacer nuevos intentos.

Si se crea una amistad, cultive la apertura y la lealtad desde el principio. Las confidencias rotas resultan en un amistad rota. En su vecindario, muéstrese amigable y leal para que llegue a ser aceptado y una persona confiable en la comunidad.

Se requieren dos para construir una relación y no siempre florece de un día para otro. Tenga presente que es la *calidad,* no la *cantidad* de relaciones lo que es importante. La amistad no se mantiene automáticamente, se la debe trabajar.

Hay diversas actividades que pueden introducirlo a una participación social valiosa. Grupos de voluntarios participan en valiosos servicios sociales y filantrópicos. Siempre son bienvenidos los voluntarios adicionales. Los voluntarios que ayuden a niños con problemas de aprendizaje encontrarán una afectuosa bienvenida.

En muchas ciudades grandes el incremento de los delitos ha dado nacimiento a grupos de vigilancia de vecindarios. Participar de esos grupos conduciría a un contacto amistoso con los vecinos en una relación no amenazadora.

Idealmente, la iglesia debe ser el lugar donde se encuentre el cuidado amoroso y la comunión. Con mucha frecuencia esto es así, pero lamentablemente ese ideal no siempre se concreta. Una cantidad creciente de iglesias están plenamente alertas a las implicaciones sociales del evangelio y se empeñan en brindar servicios para los que sufren y los que no tienen privilegios. El estado también está prestando más atención a las necesidades sociales de sus ciudadanos.

Muchas amistades duraderas han sido iniciadas a través de invitar a alguien a comer. En una comida, la conversación es relajada y la estrategia sugerida de preguntarle al invitado acerca de sí se encontrará con una respuesta afectuosa.

Es cuando cambiamos el enfoque de nuestra soledad a aliviar la de otra persona que el proceso de sanidad obtiene ímpetu en nuestra vida.

19

El elemento espiritual

El Señor me ha prometido el bien,
Su palabra asegura mi esperanza,
Él será mi escudo y mi porción
Mientras viva.
—John Newton

"¿DÓNDE ESTÁ DIOS CUANDO ESTOY SOLO?" es una pregunta que formula más de una persona deprimida. Tal vez no sea pronunciada realmente, pero está allí en lo profundo de todos modos. Por supuesto que la respuesta es: "Justo a tu lado".

"Lo sintamos o no", escribe Margaret Clarkson en la revista *Decision,* "contamos con su presencia en nuestra soledad. Su comprensión del mal entendimiento humano que cruelmente asalta nuestras frágiles sensibilidades, su propósito inmutable e imposible de cambiar para la aparente desesperanza de nuestra frustración y la aparente falta de utilidad... Nuestras propias enfermedades puede abrir nuestra vida a más del poder de Cristo".

Las Escrituras abundan en promesas, empresas divinas que esperan que nos apropiemos de ellas. No hay situación concebible para la cual no haya una promesa adecuada. Esté alerta cuando lea la Biblia para descubrir qué Dios ha prometido hacer y luego aférrese a esto. Dígale al Señor: "Haz como has dicho". Las promesas deben reclamarse por fe. Fue por fe que los patriarcas recibieron las promesas. Abraham tenía una gran confianza en su Dios. Él estaba "plenamente convencido de que era también poderoso para hacer todo lo que había prometido" (Ro. 4:21).

Algunos tienen dificultad en apropiarse de las promesas del Antiguo Testamento, que fueron hechas, en su mayor parte, a Israel. Sienten que reclamarlas sería como abrir una carta dirigida a otra persona. Pero Pablo responde a este problema: "Y si vosotros sois de Cristo, ciertamente *linaje de Abraham sois, y herederos* según la promesa" (Gá. 3:29, cursivas añadidas).

La validez de una promesa depende del carácter y los recursos del que la hace. El carácter santo de Dios y los recursos sin límites hacen que sus promesas sean creíbles.

"Toda promesa es una escritura de Dios", dijo Charles Spurgeon, "que puede solicitarse ante Él con razón: 'Haz como has dicho'. El Creador no engañará a la criatura que depende de su verdad, y mucho más, el Padre celestial no quebrantará su Palabra dada a sus propios hijos".

Las promesas de Dios están vinculadas a su carácter y descansan en cuatro de sus atributos:

- Su *verdad,* que hace que sea imposible la mentira.
- Su *omnisciencia,* que hace que sea imposible que su ser sea engañado o se equivoque.
- Su *inmutabilidad,* que hace que sea imposible el cambio o la vacilación.
- Su *omnipotencia,* que hace que todo sea posible.

Entonces, cuando vamos hacia Dios armados con una de sus promesas, podemos hacerlo con la mayor de las confianzas, por que "El que promete es fiel". Si pareciera que hay una brecha abierta entre las promesas de Dios y nuestra experiencia de su cumplimiento, es porque no nos hemos movido para reclamarlas.

Juan Bunyan describió exquisitamente su experiencia de su empeño por apropiarse de una de las promesas: "Satanás trabajaba para alejar la promesa de mí, diciéndome que Cristo no se refirió a *mí* en Juan 6:37. Él jalaba y yo jalaba. Pero, alabado sea Dios, obtuve lo mejor de él". Bunyan no ha estado solo en esta representativa experiencia.

TRES ACTITUDES POSIBLES

Podemos adoptar una de estas tres actitudes en relación a las promesas de Dios:

1. Podemos *"no alcanzarlas"* devaluándolas al nivel de nuestra experiencia pasada (Ro. 3:23). Es posible que las subestimemos para quedarnos cortos de lo que Dios está ofreciendo.
2. Podemos *"tambalear"* o *"vacilar"* debido a nuestra incredulidad, ya sea por el riesgo involucrado o porque la promesa parece ser demasiado buena para ser verdad (Ro. 4:20). Pero el que vacila se pierde la bendición. "No piense, pues, quien tal haga, que recibirá cosa alguna del Señor" (Stg. 1:7).
3. Podemos estar *"plenamente seguros"* de la veracidad de Dios y recibir las promesas. Abraham, el padre de la fe, estaba "plenamente convencido de que era también poderoso para hacer todo lo que había prometido" (Ro. 4:21) y por lo tanto, no "dudó, por incredulidad" (v. 20).

Con Dios, la promesa y el desempeño son inseparables. Así que tome alguna de las grandes promesas de las Escrituras y con ellas bajo sus pies, de un paso adelante en confianza. Estos son algunos de las empresas de Dios que tienen especial importancia respecto de los problemas de soledad.

No temas, *porque yo estoy contigo;* no desmayes, porque yo soy tu Dios que te esfuerzo; siempre te ayudaré; siempre te sustentaré con la diestra de mi justicia (Is. 41:10, cursivas añadidas).

Mi presencia irá contigo, y te daré descanso (Éx. 33:14, cursivas añadidas).

Cuando pases por las aguas, *yo estaré contigo;* y si por los ríos, no te anegarán. Cuando pases por el fuego, no te quemarás, ni la llama arderá en ti. Porque yo Jehová, Dios tuyo... No temas, *porque yo estoy contigo* (Is. 43:2-3, 5, cursivas añadidas).

Adopte la actitud de Pablo hacia estas empresas divinas: "Porque yo confío en Dios que será así como se me ha dicho" (Hch. 27:25).

20

Pasos positivos para el alivio

Todo lo que es verdadero, todo lo honesto, todo lo justo, todo lo puro, todo lo amable, todo lo que es de buen nombre; si hay virtud alguna, si algo digno de alabanza, en esto pensad.
—Filipenses 4:8

UNA VEZ QUE SE HA TOMADO LA decisión mental inicial de ser el que trata de comenzar nuevas relaciones, deben seguirse pasos prácticos positivos para apoyar e implementar esa decisión. Es muy fácil rendirse a la inercia cuando la motivación es débil. Y es usted el que debe proporcionar la motivación. Ya se han sugerido varios pasos posibles, pero siguen otros.

VAYA TRAS UNA DIVERSIÓN ADECUADA

La persona que tiene un pasatiempo en el cual respaldarse es por cierto afortunada. Algunos consejeros llegan a afirmar que nadie es realmente feliz ni se siente seguro sin un pasatiempo, y que cuál es el interés externo que esa persona adopta no tiene mucha importancia.

Esa afirmación probablemente sea demasiado vasta, pero tiene mucho de verdad. Los que no han cultivado algún interés fuera de su trabajo normal están entre los que son personas muy infelices cuando se jubilan. Sin el interés de su vocación acostumbrada se aburren, se sienten solos y se lamentan de sí mismos. Pero nunca es demasiado tarde para buscar un pasatiempo agradable.

Personalmente he encontrado que la jardinería es el pasatiempo más absorbente, refrescante y hasta alentador. Pocas ocupaciones pueden llenar las horas de soledad de manera tan magnífica. Crear belleza que da tanto placer como rédito para uno mismo y los demás es una de las cosas que más genera delicia y es fructífera.

Uno de los beneficios de la jardinería como pasatiempo es que tiene una forma que se adapta a las personas de todas las edades y de cualquier condición de salud. Puede realizarse en el exterior o en el interior y en cualquier momento. Incluso los inválidos pueden obtener gran gozo de la jardinería interior.

Para los que están bendecidos con buena salud, hay muchos juegos exteriores disponibles tanto para hombres como para mujeres, en cualquier etapa de la vida. Aparte del gozo del juego en sí, la participación hace que uno esté en contacto estrecho y amistoso con otros en una atmósfera relajada.

Otra terapia muy útil, y que puede realizarse estando solo, es caminar. Estimula el sistema respiratorio, purifica la sangre, hace que uno se sienta más vivo y más capaz de enfrentar las exigencias de la vida. Además, hace que uno salga de la casa y vaya al mundo maravilloso de la naturaleza de Dios. En países en que los inviernos son crudos, muchas personas mayores han descubierto que caminar bajo techo en un centro comercial es un ejercicio sano y refrescante para la mente.

Para los que se inclinan por la música, hay una gran variedad de música que se adapta a todo gusto. En América del Norte especialmente, hay estaciones que se especializan en música cristiana en diferentes niveles. La buena música levanta el ánimo y satisface nuestras necesidades estéticas.

Para los que están adecuadamente calificados, unirse a un coro, a una orquesta o grupo de canto sería, en sí, una experiencia satisfactoria. Además, es un medio excelente para establecer relación con personas de gustos similares.

Algunos con tendencia escolástica han encontrado alivio y satisfacción al anotarse en una carrera universitaria u otro curso de estudio que no pudieron realizar anteriormente en sus vidas. Muchas mujeres están adoptando este camino cuando sus hijos abandonan el hogar.

En el amplio campo del arte, hay muchas opciones abiertas para los que quieren emprender la aventura. Mi esposa descubrió en los últimos años de su vida que tenía un don inusual en el área de la pintura que no había utilizado nunca antes. Muchos de nosotros hemos descubierto talentos que esperaban liberarse. Además de la pintura, otras opciones son cerámica, pintura de vajilla, tejido, trabajos en madera, todas las formas de tareas que usen la imaginación, y muchas otras.

Si uno tiene la habilidad requerida y la capacidad de enseñar, una clase sobre algún tema práctico pudiera iniciarse para gente más joven que está desempleada, o que de otro modo vagaría por las calles. Un amigo convirtió su garaje en un taller de trabajos en madera donde instruye a hombres jóvenes en tornería y otros trabajos similares. En el proceso, puede animarlos a recibir a Cristo.

En ciudades donde hay una mezcla étnica, hay muchas oportunidades para un ministerio útil para los inmigrantes o los alumnos extranjeros. Dos amigos míos usaron su hogar y su tiempo libre para enseñarles inglés. Como resultado de su amistad e interés, nacieron una iglesia coreana y una china en este hogar y ahora funcionan de manera independiente.

Es posible tener comunión con las grandes mentes de todas las épocas y en toda esfera a través de la lectura de buena literatura. La variedad de literatura disponible en nuestras bibliotecas es casi ilimitada. Libros serios y de humor, livianos y pesados, educativos y divertidos, religiosos y seculares, están disponibles a bajo costo.

Incluso si uno no ha tenido mucho tiempo ni gusto por la lectura en el pasado, nunca existirá un mejor momento para cultivar ese hábito que ahora. Cuando se desvanecen los poderes físicos, uno aún puede leer. Comience con libros que lo atrapen y mantengan su interés. Luego, cuando se ha formado el hábito de la lectura, pase a temas más profundos y más serios. Se ha descubierto que las amas de casa que practican la lectura se sienten menos solas que sus pares que están buscando algo que hacer.

Si las condiciones de vida son favorables, muchas personas solas han encontrado gran consuelo al tener una mascota, al tener a alguien a quien amar y recibir a cambio cierto afecto. La obvia bienvenida de una mascota cuando uno regresa a su casa o apartamento vacío ayuda a borrar la soledad.

PIENSE DE MANERA POSITIVA

Nosotros elegimos de qué se alimenta nuestra mente, y lo que leemos inconscientemente moldea nuestros patrones de pensamiento. Si llenamos nuestra mente con pensamientos negativos, el resultado es predecible. Podemos programar nuestra computadora mental con pensamientos que inducen a la soledad o con pensamientos que la borran. Esto queda a nuestra opción.

Al visitar Hong Kong, un predicador se sintió intrigado por una tienda en la que se hacían tatuajes. En la vidriera advirtió una cantidad de lemas que se sugerían para elegir. Entre ellos estaba: "Nacido para fracasar".

"Pero por cierto nadie elegiría ese lema, ¿no es cierto?", le preguntó al tatuador chino.

"Sí, lo hacen", fue la respuesta.

"¿Pero por qué lo eligen?"

La esclarecedora respuesta fue: "Antes de hacerse un tatuaje en el pecho, se hacen un tatuaje en la mente".

Inconscientemente, estaba dando su versión de la enunciación bíblica: "Por cual es su pensamiento en su corazón, tal él es" (Pr. 23:7).

Pablo da una receta para el tipo de pensamientos con los que debemos alimentar nuestra mente:

> Todo lo que es verdadero, todo lo honesto, todo lo justo, todo lo puro, todo lo amable, todo lo que es de buen nombre; *si hay virtud alguna, si algo digno de alabanza, en esto pensad* (Fil. 4:8, cursivas añadidas).

Ya que se nos ordena pensar en estas cosas, lo que sigue es nuestro poder de controlar nuestros pensamientos y concentrarlos en conceptos positivos y placenteros. Ellos excluyen automáticamente los opuestos.

Elegimos los pensamientos sobre los que vamos a meditar, ya que es nuestra voluntad la que controla los procesos mentales. Una voluntad firmemente aferrada a Dios puede dar vuelta a los procesos intelectuales para pensar en cosas santas.

Los mejores pensamientos para tener son los pensamientos de Dios. Así, la lectura y la meditación periódicas sobre la verdad bíblica son una de las mejores maneras de excluir pensamientos que crean o alimentan la soledad.

El tema de la soledad en las Escrituras

La provisión original de Dios para la soledad
Génesis 1:27-31; 2:18-22

Causas de la soledad
Salmo 32:3-5; Habacuc 1:2-3; Mateo 28:17; Marcos 4:15

Ejemplos de soledad
Jacob: Génesis 32:24
Elías: 1 Reyes 19:3-4, 10, 12
Enoc: Judas 14-15
Jonás: Jonás 2:2-6

La soledad del liderazgo
Moisés: Éxodo 18:17-23; Números 11:14; 12:1-2
Juan el Bautista: Mateo 11:7-11; Lucas 1:80
Pablo: 2 Corintios 1:8-9; 11:23-28; 2 Timoteo 1:15

La soledad de la viudez
    Éxodo 22:22-23; Deuteronomio 24:17-19; Salmo 68:5; Hechos
6:1-3; 1 Timoteo 5:3-16; Santiago 1:27

Principios de alivio de la soledad y sus síntomas
    Éxodo 33:13; 34:6-7; Salmo 25:1, 16, 21; 32:1-6; 51:4; 62:8; 71:17-
18; 73:2-5, 16-17; Proverbios 18:24; Eclesiastés 4:9-11; Isaías
41:10; 61:1-3; Mateo 6:12; 19:12; Lucas 22:28; Juan 13:7; 16:32;
Hechos 20:35; 21:8-9; 27:25; Romanos 7:18; 8:28; 12:3; 1
Corintios 7:1, 7-8, 25-26; 2 Corintios 1:3-4; 11:5; 12:9, 15; Gálatas
3:29; Filipenses 3:13; 4:8, 11-13; Hebreos 8:12; 12:10-12

Actitudes hacia las promesas de Dios respecto
de la soledad
    Éxodo 33:14; Romanos 3:25; 4:20, 21; Santiago 1:6-7

Otros libros por J. Oswald Sanders:

EL CIELO
Heaven, Better by Far
J. Oswald Sanders

Una mirada al tema del cielo y el último libro que escribió el
autor antes de su muerte a los 90 años de edad.

180 pp. (rústica)
ISBN: 0825416892

Otros libros por J. Oswald Sanders:

LIDERAZGO ESPIRITUAL
Spiritual Leadership
J. Oswald Sanders

Un clásico en la enseñanza de los principios de liderazgo usando biografías de eminentes hombres de Dios como Moisés, Pablo, Spurgeon y otros. Incluye guía de estudio.

192 pp. (rústica)
ISBN: 0825416507